本书由江苏大学专著出版基金资助出版，为国家教育部人文社会科学面上项目“网络社交媒体视阈下投资者情绪：生成机理、传染机制及股市危机预警研究（17YJA630117）”的最终成果。

基于网络文本挖掘的投资者情绪对股票市场风险的预警研究

徐小阳　杨峥嵘　路明慧　著

江苏大学出版社
JIANGSU UNIVERSITY PRESS
镇　江

图书在版编目(CIP)数据

基于网络文本挖掘的投资者情绪对股票市场风险的预警研究 / 徐小阳，杨峥嵘，路明慧著. — 镇江 : 江苏大学出版社，2019.12
ISBN 978-7-5684-1287-2

Ⅰ. ①基… Ⅱ. ①徐… ②杨… ③路… Ⅲ. ①投资者－情绪－影响－股票市场－市场风险－研究－中国 Ⅳ. ①F832.51

中国版本图书馆 CIP 数据核字(2019)第 286194 号

基于网络文本挖掘的投资者情绪对股票市场风险的预警研究
Jiyu Wangluo Wenben Wajue de Touzizhe Qingxu dui Gupiao Shichang Fengxian de Yujing Yanjiu

---

著　　者/徐小阳　杨峥嵘　路明慧
责任编辑/柳　艳
出版发行/江苏大学出版社
地　　址/江苏省镇江市梦溪园巷 30 号(邮编：212003)
电　　话/0511-84446464(传真)
网　　址/http://press.ujs.edu.cn
排　　版/镇江市江东印刷有限责任公司
印　　刷/句容市排印厂
开　　本/890 mm×1 240 mm　1/32
印　　张/6.25
字　　数/200 千字
版　　次/2019 年 12 月第 1 版　2019 年 12 月第 1 次印刷
书　　号/ISBN 978-7-5684-1287-2
定　　价/48.00 元

如有印装质量问题请与本社营销部联系(电话:0511-84440882)

序

中国股票市场，作为改革开放的产物，自 20 世纪 90 年代以来不断成长壮大，对推动我国经济社会发展起到了重要作用。作为一个典型的新兴的股票市场，中国股票市场有其诸多不足之处，各项制度有待健全完善与提高。新时代，中国经济进入高质量发展阶段，中国股票市场也在走向高质量发展。

中国股票市场与国外成熟股票市场相比存在很大差别，其产生的“金融异象”更加突出和显著。投资者情绪是反映投资者心理的重要因素，必然会对投资者行为和决策，以及股票市场收益与风险产生重大影响。随着互联网及 Web 2.0 时代的发展，越来越多的人参与到网络社交媒体中进行信息的交流和讨论，并且也通过互联网信息帮助自己做出决策。而股票论坛作为投资者交流与讨论投资经验与观点的平台，其中蕴含了丰富的信息值得进行挖掘和研究。

江苏大学徐小阳同志等撰著的《基于网络文本挖掘的投资者情绪对股票市场风险的预警研究》一书，系徐小阳同志主持完成的国家教育部人文社会科学面上项目“网络社交媒体视阈下投资者情绪:生成机理、传染机制及股市危机预警研究”课题的最终成果。本书从互联网大数据挖掘这一创新视角出发，利用 Python 编程抓取了东方财富股吧中的股民发帖信息及新浪财经多空投票数据，通过文本情感分析技术提炼出投资者情绪指标，并使用支持向量机算法，探讨该指标对股票市场风险的预警研究。本书比较系统深入地研究了中国股票市场风险与投资者情绪之间的关系，为人们正确解释中国股票市场“异常现象”增添了有效途径，同时对于加强中国股票市场的风险管理和控制，改善政府对股票市场的监管效率，保障中国股票市场健康、稳定、持续发展，都具有重要的理论价值和现实意义。

徐小阳同志现任江苏大学财经学院保险研究所常务副所长、副教授、硕士研究生导师，同时兼任江苏省保险学会智库专家，经济金融著述颇多。他对金融风险有着敏锐而深刻的认识和理解，因此，本书可以说是他得之于心、行之于文的重要成果。读了本书以后，我感到全书有两个鲜明特色：第一个是与时俱进的理论思维。本书以中国股票市场风险预警为主线，紧扣当今科技进步和金融创新前沿，从互动仪式链理论视角探讨了投资者情绪的形成机理、传播机制及其对股票市场风险的影响。第二个是多学科前沿研究方法的融合使用。该书深度融合新兴的文本挖掘技术，实现投资者情绪的综合测评；还结合股票市场表现以及机器学习中实用价值更高的支持向量机算法，构建了更佳的风险预警模型。本书文笔流畅，多有新见，展现出作者的勤恳踏实又勇于创新的风貌。

当然，投资者情绪作为金融学特别是行为金融理论的难点热点问题，学者们会有不同的理解，唯有百家争鸣，才会有行为金融学科乃至金融学的蓬勃发展。

是为序。

江苏省社会科学院原副院长、研究员 吴先满

2019 年 12 月于南京

前言

海量的互联网金融信息对金融市场的影响处处可见，对网络金融文本信息的挖掘工作具有明显的实践价值。投资者在进行投资活动的过程中存在主观性偏好和认知偏差，而且市场并非完全有效的，由此资产定价不能忽视投资者心理因素的作用。随着社交网站和金融理财互动平台的涌现，投资者更倾向于通过便捷性的网络途径关注股票市场信息，并可以不受时间、空间的限制与其他投资者互动交流心得。如果可以有效地结合互联网金融信息测度出投资者情绪，并能够进行风险预警研究，这给股市实践带来的价值是尤为显著的。

本研究首先基于互动仪式链理论视角，分析微博、微信等社交媒体中投资者之间互动仪式的诸要素以及投资者情绪的形成机理；基于小世界网络探讨投资者情绪传播机制；从心理学和外部环境两个层面分析投资者情绪对股票市场风险的影响机理。然后，以 2017 年 3 月 17 日至 2018 年 5 月 3 日期间东方财富网上证指数股吧 554 186 条发帖信息为研究对象，在对金融文本数据清洗、文本分词和文本特征提取的基础上，应用基于词典的情感分析方法实现情感识别，从而对投资者情绪特征进行全面刻画；与此同时，设计一套股票市场风险预警系统，将市场表现指标和投资者情绪指标应用到核函数为径向基函数、惩罚系数为 4、γ 参数为 2^{-5} 的 SVM 模型，并以预警精度、查准率、召回率及 F_1 指数科学评估预警能力，最终引入投资者情绪的回测精度达到

90.48%，提高了非均衡数据的预警灵敏度，基本满足股票市场风险的动态监控需求。

为了“坚决打好防范化解重大风险攻坚战”，本研究不仅深度融合新兴的文本挖掘技术，创造性地从股吧文本三维情绪、投资者关注度及投资者互动度角度实现对投资者情绪的综合测评，还结合了市场表现以及机器学习中实用价值更高的支持向量机算法，力图找到更佳的风险预警模型。最终得到的实证结论如下：投资者发帖存在“交易日”效应；基于网络文本挖掘的投资者情绪表现出短期时效特征；网络金融文本中含有的投资者情感与股票市场表现具有联动性，能够根据网络信息下的投资者情绪对股票市场实施风险等级预判；引入投资者情绪的 SVM 预警模型对股票市场风险具有优越的预警性能，不仅可以改进非均衡数据集下风险分类的结果，而且可以优化单纯基于市场表现指标模型的预警效果。

本研究的创新之处主要有以下几个方面：

(1) 融合信息挖掘技术和统计评价方法，探索基于海量文本信息实现语义挖掘和投资者情绪测评的有效方法。在使用数据挖掘技术构建投资者情绪测评属性词库的基础上，以知网(HowNet)为基础构建适应证券投资领域的情感词典，并建立情感强度词典与情感极性词典的映射机制，从而有效拓展投资者情感词典。确定适合金融短文本信息的情感倾向性分析方法，顺利提取投资者情绪的相关指标。

(2) 探索性地引入网络文本挖掘的投资者情绪，应用支持向量机算法得到一个相对新颖的股票市场风险预警模型。本研究在行为金融学的理论框架下，从网络信息的角度基于投资者情绪对股票市场风险预警进行实证研究，具有创新性。与此同时，支持向量机这一机器学习方法能够成为股票市场风险预警的有效预警工具。

（3）从网络媒体视角探讨了投资者情绪的形成机理、传播机制及其对股票市场风险的影响。

目　录

第1章 绪论

1.1 研究背景

2019 年 2 月 23 日，习近平主席在中共中央政治局第十三次集体学习会议中明确强调:“我们要抓住完善金融服务、防范金融风险这个重点，推进金融业高质量发展。”由此可见，当今金融风险的防控和化解问题一直是国家发展战略的聚焦对象之一。股票市场作为金融市场的子市场，再加上金融市场间风险的相互传染性与扩散性，因而股票市场风险也不容小觑。2015 年我国 A 股“千股涨停、千股跌停、千股停牌”的局面和 2017 年猝不及防的结构性股灾使投资者深受打击，股民情绪变化莫测，进而会严重威胁整个股票市场体系的稳定性。与欧美国家股票市场相比，我国股票市场起步较晚，市场机制尚未成熟，如何建立积极应对市场风险的预警系统亟待商榷。

20 世纪 50 年代以来，金融学的理论研究呈现出跨学科发展的趋势。传统的金融学理论涵盖现代资产组合理论和有效市场假说等内容。它们均基于“理性人”的经济假说，即每个市场主体能够获得完全的信息并对信息进行及时、完全、准确的处理，从而通过完全理性的决策行为获得自身经济利益的最大化。然而，市场中出现的异象无法据此得到完美解答，因而还需借助心理学、社会学等学科内容。于是，投资者的有限理性、认知偏差等行为因素被纳入金融学研究领域中，进而形成行为金融学理论体系。行为金融学普遍认为，投资者的关注度是一种资源，面对海量的市场信息，如何对有限的资源实现有效配置才是重中之重。就股票市场而言，投资者往往受时间和精力所限，仅能挑选几只自选股进行跟踪关注并进行相应的投资决策。与此同时，市场中散户投资者众多，专业知识储备不足，加之信息不对称，极易发生助涨助跌的“随大流”现象，对股市产生主观判断，从而塑造投资者情绪。

为了贯彻党的十九大精神，以互联网为代表的数字技术正在加速与金融领域的高度耦合，并成为深化金融改革、改善国民经济的重要助推器。第43次《中国互联网络发展状况统计报告》显示，截至2018年底，中国网民规模达到8.29亿，其中网银用户约4.2亿，年增长率为5.2%；互联网理财用户为1.51亿，年增长率为17.5%。社交应用中，网民在微信朋友圈、微博、QQ空间等社交媒体平台上的使用率已分别达83.4%、42.3%、58.8%。传统的金融、O2O、电子商务等行业与此类社交渠道融合发展，并依靠自身的影响力为社交平台提供优质内容，因此社交平台日益成为股民分享投资经验、表达投资情绪和传递投资信息的聚集地，实现经济资讯的大众化传播与互动。其中，专门性的财经类网站在提供股票市场信息的基础上，还为投资者开辟了互助交流的股吧频道，如东方财富网、和讯网、证券之星等。股吧中，一方面乐观或悲观色彩的言论和发帖量等公开信息会传递到资本市场，从而降低信息不对称程度，另一方面内幕交易信息、不实传闻等借助此渠道会被无限扩散，助长非理性情绪，导致投资者产生认知偏差和“羊群行为”，极易造成股价的剧烈波动。因此，互联网社交媒体视阈下投资者情绪的研究值得重视。目前，越来越多的投资者面临着互联网信息的冲击，在各类社交媒体平台上对股票市场行情、经济景气状况、企业投融资计划等发表言论，这正体现了投资者的情绪变化情况。基于最新的网络文本挖掘技术来对投资者间传递和交流的信息进行情感分析，并将投资者的网络情绪进行定量研究，不仅能够极大地帮助投资者做出科学决策，而且为监管部门提供了监测投资者情绪的有效方式，有利于其对市场的全盘把控。

1.2 研究目的与意义

1.2.1 研究目的

本研究充分结合网络信息技术和股票市场的现状,借助网络文本挖掘技术构建投资者情绪指数,以此弥补基于问卷调查或市场数据测度方式的缺陷。再者,从行为金融学角度出发,将投资者情绪引入股票市场风险预警机制,能够更全面、更科学地分析股票市场的波动,进一步巩固和稳定股票市场,并预防风险传染,从而实现股票市场的健康发展。

1.2.2 研究意义

我国股票市场自诞生以来,无论从规模、市值还是成交额来看,都取得了蓬勃发展。股票市场作为经济的“晴雨表”,一方面能够扶持实体经济,有利于上市公司筹措资金,加快资本的集聚;另一方面为投资者实施投资组合策略创造机会,起到分散风险的目的。然而,由于股票自身高风险与高回报并存的特性,市场中蕴含着巨大的风险,投资者试图通过基本面或者技术分析找寻股票的变动规律往往事与愿违。

(1) 理论意义

当投资者心理预期出现偏差时,其情绪会对股票市场产生潜移默化的影响。随着信息的裂变式传播,投资者由于自身的信息不对称,会更多地依赖报刊、新闻、论坛、博客、微博、微信等媒介发布的财经消息。如 2017 年乐视网倒台和神雾环保跌停事件,引爆了此类媒介和投资者的热切关注。目前,关于投资者情绪的研究聚焦在市场信息的层面,以寻找合适的替代指标。而从网络社交媒体的视角出发,媒体平台上投资者发表的言论也是度量情绪的重要数据来源。本研究利用文本挖掘技术,对投资者的互动信息进行定量处理,从多个角度刻画投资者的情绪特征,从而期望对股票市场风险起到良好的预警作用。若将网络文本挖掘到的投资者情绪引入股票市场风险的预警研究,提高该理论研究的全面性和综合性,可以极大地彰显其学术价值。

(2) 现实意义

这对投资者、上市公司和市场监管部门而言具有深远的实践价值。就投资者而言,尤其是个人投资者一般都处于信息贫乏的角色,处于不利地位。个人投资者在自身专业知识匮乏的情况下,可轻易地通过互联网海量的评论信息获知市场的情绪变动,并基于此做出更加科学、理性的投资决策。机构投资者则可结合个人投资者的情绪变化,调整资产配置策略。就上市公司而言,准确把握投资者的心理和行为特征,度量出投资者的情绪值,据此能够积极应对投资者的变动性需求,展开适时的客户营销,进一步提升市场风险的防控能力。对于监管部门而言,股市风险复杂多变,很难实现全方位的监督和把控。同时投资者情绪作为影响股市波动的不确定性因素较难琢磨和拿捏。本研究借助对互联网中股票的评论信息进行文本分析,挖掘出其中蕴含的投资者情绪变化状况,并利用这些信息对股票市场风险进行预警研究。这显然有利于监管部门监测投资者异常网络情绪,把握市场动向进而稳定整个股票市场。

1.3 国内外研究现状及趋势

1.3.1 网络文本挖掘的相关研究

数据挖掘,又称为数据库中知识发现(Knowledge Discovery from Database, KDD),它是一个从大量数据中抽取挖掘出未知的、有价值的模式或规律等知识的复杂过程。网络数据挖掘从数据挖掘技术发展而来,是在大量训练样本的基础上得到数据对象间的内在特征,并以此为依据进行有目的的信息提取,主要包括网络使用挖掘、网络结构挖掘和网络内容挖掘。网络文本挖掘(Text Mining,TM)隶属于网络内容挖掘范畴,是指针对网络文本的文字内容,应用数据挖掘方法以发现有用的知识,来帮助人们从大量网络文档集合中发现隐含的模式,进而从网络信息资源中提取潜在的、有价值的知识(马刚,2014)[1]。一般来说,网络文本挖掘充当网络搜索工具和网络分析工具。网络搜索工具细分为文本搜索引擎、网络爬虫和网络问题解决方案;网络分析工具包括特征提取、分类与聚类、统计和情感分析等。

本研究选用的网络文本挖掘技术主要体现在特征提取和情感分析环节。特征提取是文本挖掘中的一个重要步骤,指删除冗余和不必要的功能并保留相关或重要的特征。最关键在于降低维度,包括基于文档频率(DF)、信息增益(IG)、互信息(MI)、卡方(Chi)统计和词汇加权(TS)五种方法(Kumar和Ravi,2016)[2]。现有文献中情感分析方法有机器学习方法和非机器学习方法。机器学习方法是指在传统的统计学、概率论等理论基础上,依靠计算机技术模拟或实现人类学习行为,包含支持向量机(Support Vector Machine,SVM)、神经网络(Neural Network)、决策树(Decision Tree,DT)、K-近邻算法(K-Nearest Neighbor,K-NN)等方法。基于机器学习的情感分析过程大致如图1.1所示。非机器学习方法与机器学习相对应,其中基于情感字典的情感分析方法较为常见。网络文本获取和数据预处理之后,它还包括分词、词性标记、极性标记与情绪合成等过程,见图1.2。

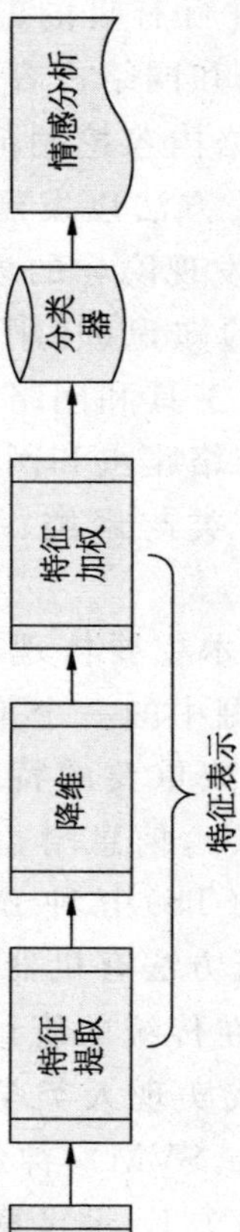

图 1.1　基于机器学习的情感分析过程

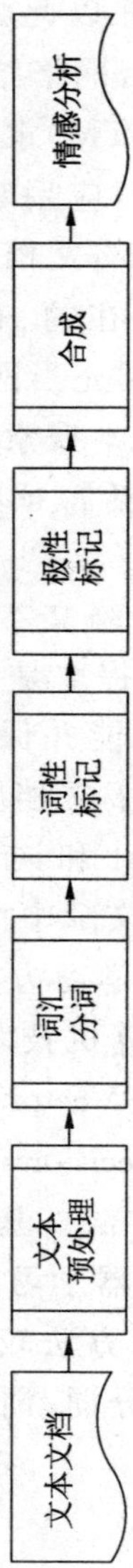

图 1.2　基于情感词典的情感分析过程

很多研究人员对互联网上文本信息的应用研究感兴趣。Ittoo等(2016)[3]对不同行业的文本分析应用进行了回顾，指出文本挖掘技术主要被应用到市场调研、自动推特生成、特定领域搜索引擎、基于案例的推理、航空安全报告和健康相关内容等方面。近些年，一些学者逐渐致力于网络文本挖掘在经济学领域的应用。Kumar和Ravi(2016)[2]将这些应用大体上分为汇率预测、股票市场预测、客户关系管理和金融网络安全。由于商业化文本挖掘工具价格昂贵，学者们在研究过程中更愿意接受开源文本挖掘。在英文开源文本挖掘方面，挖掘工具较多，比如Weka、GATE、Orange、Mallet、UIMA、OpenNLP等，而这些工具对中文的支持欠佳。在国内开源文本挖掘技术方面，ROST CM和LIBSVM的应用面较为广泛。

目前网络文本挖掘的应用正处于探索进步时期，国内文本挖掘工具相对较少，针对金融领域的中文文本挖掘研究成果则更少。从文本挖掘的实际应用来看，其在金融领域的研究起步较晚，与股票市场风险预警研究的融合方面留有空白。

1.3.2 投资者情绪的相关研究

投资者情绪(Investor Sentiment)的相关理论研究始终是行为金融学领域的疑难点。有关投资者情绪的准确定义尚无一致结论，但多数是根据心理学和投资预期两方面进行研究。从心理学角度来看，投资者情绪是指投资者通过噪声交易，对未来现金流量或投资风险的有偏信念和主观判断(De Long等，1990；Baker和Wurgler，2006，2007)[4-6]。从投资预期来看，投资者情绪可被定义为乐观和/或悲观的投资者对未来预期收益与风险的系统性偏差(Lee等，1991；Brown和Cliff，2004；王美今和孙建军，2004)[7-9]。国内外学者对投资者情绪的成因、测度及其对资本市场的影响开展了大量积极的研究。

(1) 投资者情绪的成因

在影响投资者情绪形成的众多因素中，最典型的就是心理认知和“羊群效应”。一方面，受有限理性和心理认知偏差的作用，投资者面对信息消化和决策抉择时容易成为“行为人”，而偏离传统的“理性人”标准。按照投资者决策时间，投资者的认知偏差可划分为决策前、决策时和决策后三类认知偏差。决策前的认知偏差包括代表性偏差、锚定效应等(De Bondt 和 Thaler，1985；Cen 等，2013)[10,11]；决策时偏差主要有处置效应、损失厌恶、模糊厌恶、后悔厌恶、热手效应和赌徒谬误偏差、过度自信等(Rau，2015；Benartzi 和 Thaler，1995；Huang 等，2015；Sautua，2017；叶建华，2016；刘柏和王一博，2017)[12-17]；决策后还有自我归因偏误等(Kim，2013)[18]。另一方面，投资者忽略自身信念和接收到的信息，模仿并选择跟随其他投资者进行决策，这就是所谓的“羊群行为”(Gavriilidis 等，2016；卞曰塘等，2017；王宗润和潘城城，2018；张向丽和池国华，2019)[19-22]。由信息不确定性、声誉成本和标的证券特性等引起的羊群行为是理性的，有利于将新信息纳入价格；由市场舆情、时尚、信息瀑布和正反馈交易驱动的羊群行为可能是非理性的，驱使价格远离基本价值并产生过度波动。

(2) 投资者情绪的测度方式

当前很难找到一个准确度量情绪的指标，主要有直接、间接以及复合三种测度方式。直接度量方式主要让投资者填写问卷来了解他们对于市场发展预期的态度，并根据投资者所表现出的情绪进行测算，按照乐观和悲观比例计算出相关情绪指标(Fong 和 Toh，2014；熊伟和陈浪南，2015；Shahzad 等，2017)[23-25]。但直接度量方法主观程度较大，而且会受客观条件的限制，所以可间接从市场上的实际数据获得测度的单一指标，包括换手率、交易量等(Lee 等，1991；王春，2014)[7,26]。由于单一情绪指标太过片面，无法客观反映情绪变化的实际情况，更多的研究者倾向于使用复合指标进行测度，并在此基础上剔除经济基本面因素影响进行非理性情绪的测度（Baker 和 Wurgler，2006；易志高等，2014；黄宏斌等，2016；Han 和 Li，2017；孙凌芸和张金林，2017）[5,27-30]。除了三类主流的度量方法外，在互联网金融文本视角下的情绪测度方法正如火如荼地兴起，能够解决数据的滞后性、过度主观性等问题（郁晨，2017）[31]。

(3) 投资者情绪对资本市场的影响

当前有关投资者情绪对资本市场尤其是股市的影响研究大致有以下两大类：

第一类是投资者情绪与市场收益或收益波动关系研究。De Long 等（1990）[4]指出与投资者情绪相关的噪音交易活动和套利的限制推动股价偏离其基本面价值，从而导致市场过度波动。Greenwood 和 Shleifer（2014）[32]发现股票超额收益不易被基本面所解释，进一步表明股票超额收益受到投资者情绪的影响。陆静和周媛（2015）[33]从投资者情绪切入，分析其对 A 股和 H 股市场收益率的预测能力，发现两个市场有着显著的反转预测，但是 A 股市场反转时间较长。黄虹等（2016）[34]运用 VAR 模型研究发现，投资者情绪与股指波动之间相互影响，而 Chiu 等（2018）[35]也认为金融市场波动的短期周期性因素与投资者情绪关系更密切。关注到股票的横截面差异，Brown 和 Cliff（2004）、史永东等（2015）证实投资者情绪对不同市值、不同规模股票组合的收益表现有所不同[8,36]。继孙凌芸和张金林（2017）发现投资者情绪与股市收益的非线性和多重分形特征后，刘斌等（2018）与姚尧之等（2018）实证表明无论同频还是混频的投资者情绪都是股票收益的正向影响指标[30,37-38]。同时，投资者情绪与股票收益或收益波动率在各国股票市场上均呈现千丝万缕的联系，Frijns 等（2017）[39]认为投资者情绪能够驱动不同股票市场收益的联动性。贺刚等（2017）[40]对比中美两国市场态势，发现中国投资者的情绪波动间接通过“费里德曼效应"和"创造空间效应"显著地影响股市收益，相对说明中国市场缺乏有效性和理性。不同于 Lin 等(2018)[41] 来自现货和期货市场价格波动研究，司登奎等(2018)[42] 着眼于汇率波动，认为投资者情绪是央行外汇干预与汇率变动间内生联动链条上的关键节点且该链条的节点间呈现非线性关系。流动性是市场波动的重要考量指标之一，尹海员和华亦朴(2018)[43] 进一步探究了投资者情绪与股票流动性的内在联系及波动规律。

第二类是投资者情绪对资产定价及公司决策的影响研究。Yang 和 Zhang(2013)、Chau 等(2016)基于投资者的异质性建立情绪资产定价模型，进一步验证情绪波动能够导致资产价格的过度反应。从管理者的角度，投资者情绪对公司决策的影响更加值得关注[44,45]。俞红海等(2015)、Clarke 等(2016)、宋顺林和唐斯圆(2016)对 IPO 融资环节进行探索，普遍认为投资者情绪高涨助涨了 IPO 首日收益率[46-48]。葛永波等(2016)[49] 发现投资者情绪还是影响投资行为或者投资效率的重要因素。除此之外，投资者情绪不仅对不同信贷规模、不同产权性质企业的信贷冲击呈不对称性(黄宏斌和尚文华，2018)[50]，还与管理层年度盈利预测中的行为偏差相关(Hurwitz，2017)[51]；情绪的变化不仅对融资约束具有调节作用(黄宏斌等，2016)[28]，还能够基于自由现金流和股权融资约束对 R&D 投资不足产生校正效应(徐小阳等，2018)[52]。

(4) 基于网络文本挖掘的投资者情绪研究

网络视角下投资者情绪的测度研究起步较晚，学者们首先从传统媒体报道中寻找突破点。词汇、语法、句子结构由于具有较强的复杂性，从中进行情感分析存在很大的难度。然而，投资者传达情绪的载体不仅仅体现在数值型数据，还应重点关注文本内容。Antweiler 和 Frank(2004)[53] 较早地尝试对文本信息中隐含的情感倾向进行研究，并深入探讨其对股市表现的影响。随后，国外学者中 Kim 和 Kim(2014)、Nguyen 等

(2015)、Guo 等(2017)及 Behrendt 和 Schmidt(2018)分别从雅虎、雪球网、推特等信息源研究该情绪对股票收益及股价变化的预测效果,而国内胡昌生和陶铸(2017)、张信东和原东良(2017)仅仅停留在发帖量、微指数等简易数值指标考察社交媒体下情绪与股市的密切相关性[54-59]。杨晓兰等(2016)[60]通过IP 地址识别和文本挖掘技术构建本地关注和投资者情绪指标,借助固定效应模型发现本地关注程度对股价、交易数量的关联性依赖于情绪。许启发等(2017)[61]从新浪微博文本中提取出个体投资者的情绪,实证发现在分位数 Granger 因果分析框架下网络情绪波动和股市收益在极端分位点处的因果关系格外凸显。孟志青等(2018)[62]应用基于情感词典的文本挖掘技术,检验网络投资者的看涨或看跌情绪对股价的正向传导作用和两者间的双向反馈作用。徐小阳等(2018)[63]从共享单车单个市场考察网络情绪对股市的作用。部慧等(2018)[64]、金秀等(2018)[65]皆运用机器学习中 Bayes 分类算法对股吧信息进行分类,前者从情绪基调、张贴程度和关注水平三个维度构建投资者情绪指数,后者则融合股评情绪和投资者关注确定新的投资者情绪指标深入挖掘投资者情绪对股市的影响及对极端收益或市场表现的预测能力。为了更好识别基于文本挖掘的投资者情绪,Renault(2017)[66]指出情感分类时应优先选择简单透明的基于特定领域词典方法而不是直接选择复杂机器学习方法,Long 等(2018)[67]则单纯从机器学习中 SVM 算法进行突破研究来提高分类器的性能。虽然该研究兴起的时间还不长且在中国仍属起步阶段,但是上述内容充分证实此课题具有很强的研究价值。

由上述分析可知,投资者情绪的成因、测度方式和对资本市场的影响受到学术界的广泛关注,但是网络社交媒体视角下情绪的形成及运行机理的研究还很少。就研究方法而言,对投资者情绪的测度主要侧重于传统的计量经济方法,从网络文本内容中挖掘投资者情绪还处于尝试阶段，文本数据提取投资者情绪的方式显得有些粗糙，缺乏网络社交媒体文本情绪挖掘的细粒度分析。就研究内容而言，现有的文献并未将文本挖掘出的投资者情绪充分应用于预警研究中。

1.3.3 股票市场风险的相关预警研究

股票市场风险作为股市系统性风险，往往不可能通过投资组合来分散风险。股票市场风险指一定的时间内，遵循风险因素、风险事故和风险结果的递进联系，最终市场参与主体获取股票收益或者遭受损失的可能性。它是普遍存在于股票市场活动中的经济现象，同时受时间和空间的限制，具有不确定性。股票市场风险在投资者进行投资活动时最常见，直接由股票价格的涨跌引起。股票价格的涨跌幅度越大，股票市场风险也就越大。

危机的产生由市场各类风险的不断传播、扩散与累积造成，经历了量变引起质变的过程。金融危机事件频频发生，早期与金融危机预警的相关文献成果丰富，多集中在上市公司财务和货币的危机预警。在上市公司财务危机预警方面，Beaver(1966)基于单变量模型、Altman(1968)基于Z-score模型、Ohlson(1980)基于Logit或Probit(FR)模型对企业破产进行预警[68-70]。在货币危机预警方面，Frankel等(1996)[71]利用多元FR概率模型，能够估算出货币危机发生的可能性。Kaminsky，Lizondo和Reinhart(1998)[72]提出的KLR分析方法，用危机信号的发出频数反映风险爆发的可能性，最开始被应用于货币危机预警。由于单变量包含的信息不全面以及FR模型和KLR模型预警阈值的设定具有主观性，马尔科夫模型由此被Tc和Fratzscher(1999)、王春丽和胡玲(2014)应用到预警领域[73,74]。

随着计算机的普及和信息技术的渗透，学者们不再仅仅通过统计方法对金融市场进行预警，而开始结合数据挖掘技术创建神经网络、遗传算法、支持向量机(SVM)等预警模型。肖斌卿等(2015)[75]发现基于遗传算法优化的人工神经网络模型(GA-ANN)较前馈型神经网络模型对中国金融安全的预警效果好。支持向量机算法可以摆脱"过拟合"问题的困扰,因而逐渐被学者们所接受。Kirkos(2015)[76]利用支持向量机证明该模型对企业破产有着良好的预警效果。林宇等(2016)[77]引入自适应合成抽样方法(ADASYN)和逐级优化递减欠采样方法(ODR),从而改进SVM模型,提高了SVM对极端金融风险的预警能力。谷慎和汪淑娟(2019)[78]率先将支持向量机技术应用到碳金融市场的风险预警研究中,具有前瞻性。综合预警模型的研究方法,传统的计量方法逐步融合数据挖掘、机器学习等新兴技术,从而提高预警的精度。其中,基于支持向量机算法对股票市场风险预警进行对比研究的成果非常罕见。

1.3.4　文献述评

前文系统性地梳理了基于网络文本挖掘的投资者情绪对股市风险预警的理论脉络,主要涵盖网络文本挖掘、投资者情绪、股票市场风险预警的相关性研究。但是,投资者情绪尤其是嵌入网络社交媒体的投资者情绪对股票市场风险预警研究方面显得较为薄弱,还存在较大的可拓展空间,具体如下:

一是就研究角度而言,国内外主流是从市场行情对投资者情绪进行相关测度研究,而基于网络社交媒体语义分析视角探讨投资者情绪的学术成果较少,多维度分析投资者情绪的研究则更加罕见。因此,多角度测评互联网文本信息中的投资者情绪,是未来需要探索的方向之一。

二是就研究内容而言,对投资者情绪的相关研究主要集中在其内涵、测度、成因和对资本市场的影响等方面,通过其监测预警股票市场风险的研究则更为少见。因此,聚焦投资者情绪尤其是网络社交媒体视角下的投资者情绪,进一步优化股票市场风险预警体系，也是未来研究需要着力解决的重要问题之一。

三是就研究方法而言，对投资者情绪的测度主要侧重于计量经济分析，国内基于文本挖掘技术分析投资者情绪的方法尚不成熟。通过支持向量机这一机器学习方法，基于市场表现指标和投资者情绪指标对股票市场风险的预警质量进行对比研究的成果更加不足。因此，多学科交叉的研究投资者情绪对股票市场风险预警也将是未来研究的重要趋势。

1.4 研究内容与方法

1.4.1 研究内容

本研究主要是沿着 4 条主线展开的：首先，梳理现代金融学理论的演进过程，从网络文本挖掘、投资者情绪、股票市场风险预警等方面奠定好理论基础，厘清基本的理论框架，寻找本研究的突破点。其次，以“上证指数”为关键词在国内最大的股吧论坛——东方财富网上搜索上证指数股吧信息，应用 Python 编写好网络爬虫程序，提取出每条帖子的标题、作者、阅读数、评论数、转发数、发表时间以及最后更新时间等内容。针对帖子标题的文本信息进行清洗去噪、分词、特征提取及文本情感分类后得到帖子的情感值，并进一步基于熵权法(EWM)计算出情感值。再次，从市场表现指标和投资者情绪两方面构建股票市场风险的预警指标体系，明确市场的风险状态并基于支持向量机建立预警模型。最后，借助 SVM 预警模型考察基于文本挖掘的投资者情绪对股票市场风险预警的实证研究。

全书共分 8 章，具体内容如下：

第 1 章　绪论。主要介绍本研究研究的背景、目的与意义、研究内容与研究方法以及研究创新点，绪论部分着重对国内外研究现状及趋势进行文献述评。

第 2 章　相关理论与预警模型。首先，界定了投资者情绪的内涵；然后，梳理金融学理论的演进脉络包括资产组合理论、有效市场理论与行为金融理论；最后，探讨 Logistic 模型、K 近邻(KNN)模型、决策树(DT)模型、随机森林(RF)模型、支持向量机(SVM)模型等等。

第 3 章　网络媒体视角下投资者情绪的传播机制及其对股票市场风险的影响机理。首先，分析介绍基于互动仪式链理论的投资者情绪的形成机理；然后在分析网络舆论的传播特点的基础上，基于小世界网络视角分析投资者情绪在网络媒体中的传播机制；最后，依次从投资者心理学和外部环境两个角度出发，探讨投资者情绪对股票市场风险的影响机理。

第 4 章　投资者情绪测评实现的技术框架。首先，在介绍网络爬虫技术的基础上，探讨文本信息爬取技术框架；然后，探讨文本挖掘的计算机实现，包括文本的预处理技术：数据清洗、文本分词、文本特征提取等技术，文本情感的识别技术。

第 5 章　基于网络文本挖掘的投资者情绪测度。首先，确定网络社交媒体进行网页信息的爬取；其次，通过文本预处理和特征提取使文本去噪和向量化，紧接着基于整合的金融文本情感词典进行情感分类，得到每条帖子的情感值；然后，利用挖掘出的情感得分，多角度衡量投资者情绪，确定股吧文本情绪、投资者关注度、投资者互动度以及基于熵权法计算出综合性的投资者情绪指数；最后，剖析投资者情绪指数分时段(日、周、月、季)的变化动向。

第 6 章　股票市场风险预警模型的构建。首先，选取市盈率、收盘价、成交量、波动率、换手率等作为市场表现指标与投资者情绪指标相结合构建一套预警指标体系，并利用 Python 的 PCA 包进行主成分分析，得到包含六个主成分的综合风险得分；其次，划分风险警界，确定四类股票市场风险的风险等级及相应的预警信号；最后，结合现有预警模型，阐明支持向量机的选取缘由及工作原理，确定单纯基于市场表现指标的和引入投资者情绪后的股票市场风险预警模型这两个实证模型。

第7章　投资者情绪对股票市场风险预警的实证分析。首先，描绘预警指标中市场表现和投资者情绪指标的统计特征；其次，将网络文本中的投资者情绪与市场表现指标进行相关性研究，为预警研究夯实基础；接着，以预警精度、查准率、召回率及F1指数作为预警能力的评估标准，证实SVM预警模型的可行性和优越性，并进一步对比单纯基于市场表现指标的预警模型与引入投资者情绪的预警模型的实证预警结果，深入挖掘从网络文本信息测度的投资者情绪在股票市场中的实用价值。

第8章　为结论、建议与展望。

1.4.2　技术路线

本研究以网络媒体环境下投资者情绪对股票市场风险进行预警为目标，融合行为金融学、新闻传播学等学科理论，运用复杂网络拓扑模型、信息挖掘技术、支持向量机等方法，在界定网络媒体环境下投资者情绪的内涵、形成机理的基础上，从心理学、外部环境角度分析投资者情绪对股票市场风险的影响机理；在对网络媒体Web信息采集和预处理基础上，从股吧文本三维情绪、投资者关注度及投资者互动度等角度实现投资者情绪的综合测评，使用支持向量机预警模型对股票市场风险进行预警研究。具体技术路线如图1.3所示。

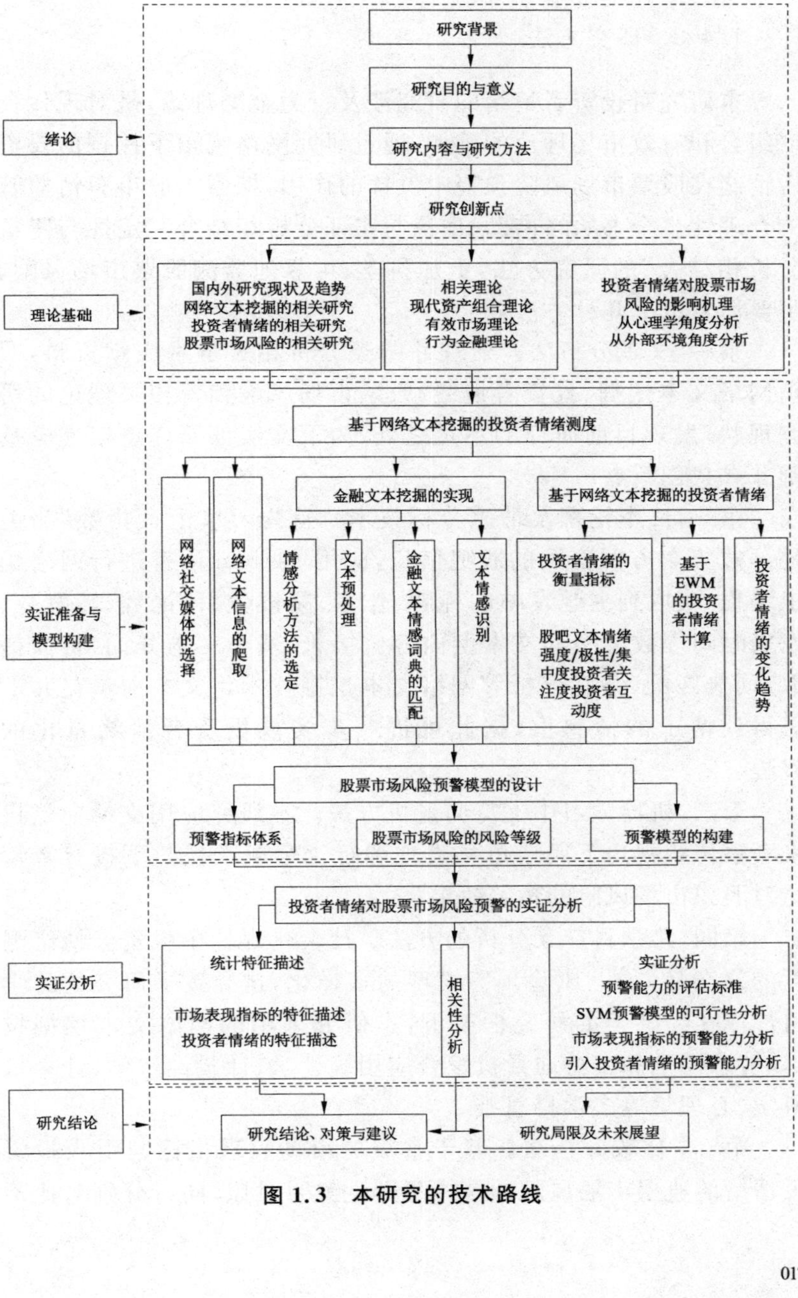

图 1.3　本研究的技术路线

1.4.3 研究方法

本研究对投资者情绪的研究涉及行为金融理论，是对现代资产组合和有效市场理论的延伸，通过研究网络视角下挖掘的投资者情绪在股票市场风险预警中发挥的作用，探索出股市舆情监管的合理性。全书始终借助“理论与实证分析相结合”“定性与定量分析相结合”的研究方法，更加科学、可靠地监测股票市场风险，主要涉及以下几种方法：

第一，文献分析法。梳理并归类分析相关学术文献资料，明晰网络文本挖掘、投资者情绪、股票市场风险预警相关理论的研究现状，发现目前研究的不足之处，为下文实证研究奠定理论基础并寻找创新点。

第二，文本挖掘及情感分析技术。首先，以“上证指数”为关键词搜集东方财富网的股吧信息，应用 Python 语言进行网络爬虫编程，获取到主题发帖的标题、作者、阅读数、评论数、转发数、发表时间等数值型和文本型内容。接着，基于文本分词、特征提取、词典匹配、情感分析等网络文本挖掘技术将文本向量化并汇总得到帖子的情感值，据此可进一步实现投资者情绪量化的过程。

第三，机器学习中支持向量机方法。本研究应用支持向量机来考察传统视角下股票市场表现和行为金融学视角下投资者情绪对股票市场风险的预警效果。

第四，跨学科交叉分析的方法。社会化媒体中投资者情绪测度的复杂性，加上风险预警模型的多样化，这导致了研究的跨学科性。在经济学的研究框架下，本研究采用的网络文本挖掘技术、情感识别和支持向量机综合应用统计学、计量经济学、计算机科学、心理学等多学科思维。

第五，比较分析法。基于常规的市场表现指标与引入投资者情绪的股票市场风险预警模型产生鲜明对照，同时分别对比不均衡数据样本的预警效果，试图发掘出股票市场舆情监控在风险预警中的重要性。

1.5 研究的创新点

本研究通过从网络金融文本信息中量化出投资者情绪，并对股票市场风险预警进行拓展性研究，力图准确地识别股票市场的风险等级。本研究的创新点可能体现在如下三个方面：

(1) 融合信息挖掘技术和统计评价方法，探索基于海量文本信息实现语义挖掘和投资者情绪测评的有效方法。本研究拟突破传统计量经济学视角，通过网页文本信息抓取、信息预处理、特征挖掘和情感分析等数据挖掘技术，构建从半结构化文本信息中提取投资者情绪测评指标的技术框架。在使用数据挖掘技术构建投资者情绪测评属性词库的基础上，以知网（HowNet）为基础构建适应证券投资领域的情感词典，并建立情感强度词典与情感极性词典的映射机制，从而有效拓展投资者情感词典。确定适合金融短文本信息的情感倾向性分析方法，顺利提取投资者情绪的相关指标。

(2) 探索性地引入网络文本挖掘的投资者情绪，应用支持向量机算法得到一个相对新颖的股票市场风险预警模型。本研究在行为金融学的理论框架下，从网络信息的角度基于投资者情绪对股票市场风险预警进行实证研究，具有创新性。与此同时，支持向量机这一机器学习方法能够成为股票市场风险预警的有效预警工具。目前关于股票市场风险预警模型没有最优的选择，通过与传统的 Logistic 模型及机器学习方法中的 K 近邻模型、决策树模型、随机森林模型、梯度提升回归树模型、朴素贝叶斯模型、神经网络模型进行交叉验证，证实支持向量机技术对股票市场风险预警有很强的适用性，泛化能力较强，可以有效避免局部极小值问题。

（3）从网络媒体视角探讨了投资者情绪的形成机理、传播机制及其对股票市场风险的影响机理。基于互动仪式链理论视角，分析微博、微信等社交媒体中投资者之间互动仪式的诸要素以及投资者情绪的形成机理；基于小世界网络探讨投资者情绪传播机制；从心理学和外部环境两个层面分析投资者情绪对股票市场风险的影响机理。

第2章 相关理论与预警模型

2.1 投资者情绪的内涵

投资者的情绪问题是行为金融学领域的前沿热点问题。在早期研究中，一般认为投资者是完全理性的，他们可以借助自己的认知程度做出正确的判断。但随着研究的不断深入，人们发现不管是机构还是个人都是非理性的。投资者由于自身的专业化水平不足，所掌握的信息较少或不对称，并且容易受到习惯、心理以及他人的影响，这些都将导致其做出错误的决策。关于投资者情绪的定义，目前学术界还未达成共识，但最有影响力和代表性的是“噪音交易理论”，即投资者是噪音交易者，投资者所掌握的信息大部分为噪音信息。投资者不仅只能收集到少量的有效信息，而且对自己所掌握的信息过度自信，由此做出违背理性的投资决策。因此，投资者情绪可以被认为是由于投资者的非理性心理而形成的对股票未来预期的整体偏差。

投资者情绪与金融市场出现的异象密切相关，投资者情绪的具体形式可视作认知偏差的集合。投资者情绪可分为市场整体情绪与个股具体情绪，即机构和个人投资者情绪。在投资者情绪的度量方面，即情绪指标的构建上，主要有显性情绪度量，如 Solt 和 Statman(1988)[79] 提出的好淡指数，王美今和孙建军(2004)[9] 提出的“央视看盘”数据，Fisher 和 Statman(2009)[80] 提出的消费者信心指数和 Renault(2017)[66] 从网络平台中提取的情绪指标；隐性情绪度量有：Pontiff(1997)[81] 利用的封闭式基金折价的加权平均数，韩立岩和伍燕然(2007)[82]利用的IPO首日收益，黄虹等(2016)[34]利用的日换手率；综合指数度量：Baker和Wurgler(2006)建议的BW指数，Lu等(2017)[83]结合IPO平均收益率和换手率等构造的复合指数。在具体实践中，学者们采用的方法也各有差异：贺刚等(2018)[84]认为采用Lasso回归法更为适合构建投资者情绪综合测度指数；刘学文(2019)[85]则通过构建金字塔滤网模型，经主成分分析法筛选，再构建相关的情绪测度指数。

2.2 相关理论

2.2.1 现代资产组合理论

现代资产组合理论(Modern Portfolio Theory，MPT)最早在1952年Markowitz发表的《资产选择：有效的多样化》论文中提出。现代金融学由此诞生，该理论巧妙地将期望和方差等数学思维应用到了金融市场，指出资产组合需要注重投资分散化的思想。不同比重的金融产品能够形成多样化的组合产物，该产物整体的均值和方差被视为投资决策的决定性因素(Markowitz，1952)[86]。

虽然现代资产组合的理论假设过于理想化，与现实往往相背离，因为并非所有投资者都会采用分散投资策略，但是它将投资决策的关注点从回报转移到“风险”这一全新的概念上，认为风险才是现代资产管理的核心，得到了众多学者的广泛认同。在进行资产的多样化选择时存在风险与收益的边界，金融产品间低相关性能够优化决策。从化解风险的可能性来考虑，市场风险包含个别及系统风险。个别风险是公司等微观主体可被投资组合分散的风险，而系统风险受整体经济变化的影响，不能够分散损失的不确定性。该理论始终坚持认为，多样化产品组合能够降低个别风险，但不能防范整个市场的系统性风险。

2.2.2 有效市场理论

有效市场理论（Efficient Markets Hypothesis，EMH）是Eugene Fama结合前人研究于1970年正式提出的理论。Fama(1970)[87]认为，有效市场是指市场中存在的各类信息才是资产价格的重要体现。在该市场中，价格随着有效信息的不断积累而做出及时反应，各参与主体享有信息的权利均等，获取的信息量是同等的，这意味着市场上所有的信息都是公开信息，不存在信息不对称问题。在任意的时点上，投资者做出理性的投资行为，股价是这些不存在任何非公开信息的理性投资者完全竞争的产物，也就是无风险套利的结果。在有效市场中，投资者获取超额利润是不可能的，因为投资者只能获取市场平均利润，基于基本面或者技术分析进行套利是不现实的。显然，这样的假说是与现实经济状况相背离的，受到了许多学者的质疑。但是，有效市场理论在信息方面提出独特的见解。根据信息披露的程度，市场包含了3种状态，分别为弱式有效、半强式有效及强式有效。在这3种状态下，市场价格能够反映的信息分别为：所有过去历史的证券价格信息、所有已公开的有关公司营运前景的信息以及所有关于公司营运的信息。有效市场理论虽然受到此类假设前提的制约，但是肯定了信息在资本市场中的重要性。由此，网络文本中的金融信息应该受到重视。

2.2.3 行为金融理论

现代资产组合理论和有效市场理论作为经典金融学的奠基理论，都始终遵循“理性人”和有效市场竞争假设。“理性人”是对市场投资者基本特征的一般形象描述，该假设的基本思想是：投资者运用理性思维，力图以最小化经济成本去实现效益最大化。此假设放大理性投资者的能力，认为理性行为者才会是竞争的赢家。然而,现实并非如此完美,理论无法解决一些特殊的异常状态。20世纪80年代,行为金融理论(Behavior Finance,BF)应运而生,创造性地将认知心理学思想应用于金融领域,试图从个体和机构两类投资者的行为或心理活动去深挖经济系统运行的内在规律。

Kahneman和Tversky是行为金融领域早期的代表性人物,为传统金融理论的创新发展做出了巨大贡献。Kahneman和Tversky(1979)[88]证实投资者普遍是行为主义者,并不完全具有理性行为,也并不总是风险规避者。他们利用"期望理论"解释股市出现的异象,认为投资者对收益和损失的效用截然相反。

随后,BAPM模型将行为金融与传统金融理论相结合,把投资者分为标准投资者和行为投资者,认为他们共同决定资产价格(Shefrin和Statman,1994)[89]。BSV模型提出两类行为偏差:其一是选择性偏差,即面对不同投资组合,投资者优先考虑近期变化显著的组合,往往忽视组合的总体特征;其二是保守性偏差,即投资者对市场变化持保守态度,因未做出及时决策而引发股价过度波动(Barberis等,1998)[90]。DHS模型提出信息和无信息两类投资者,前者强调信息低估对股价回报率的反向作用,后者认为投资者均是"理性人"(Daniel等,1998)[91]。HS模型指出观望的消息者对个人信息的反应存在不足,迫使动量交易者试图借助套期行为,但这种行为会导致反应过度(Hong和Stein,1999)[92]。上述理论模型都是基于个体行为来考察,羊群效应模型则把研究重点放在群体行为上,表现为群体情绪下投资者贯彻非理性行为。当模仿倾向较强时,市场主体的非理性行为将导致市场崩溃。

从理论脉络来看,行为金融学理论是对现代资产组合和有效市场理论的有力补充和延伸。虽然行为金融学没有规范化的标准,但是它能够对不同股票市场问题给予更加合理的解释。

2.3 市场预警理论模型

预警研究领域中，比较常见的有 Logistic 模型、K 近邻模型、决策树模型、随机森林模型、梯度提升回归树模型、朴素贝叶斯模型、神经网络模型、支持向量机模型等等。下文将逐一分析这些模型。

(1) Logistic 模型

Logistic 模型由 Luce(1959)提出，用于对被解释变量为定性变量的回归分析，且被解释变量为二项分布函数，通常是虚拟变量，当数值为 1 时，代表目标事件已经发生；当数值为 0 时，则表示目标事件没有发生。因此，此模型可以理解为“分类评定”，是一种离散型选择模型，属于广义的线性模型范畴，广泛应用于寻找关键因素、预测和判别结果情境概率。Logistic 回归分析的具体推导过程，是在对事件发生的概率作非线性的有效转换，即取自然对数后，再构建多元线性回归分析模型。一般包括以下几个步骤：① 选择解释变量和被解释变量；② 分类数据分为用于拟合回归的一部分和用于检验的另一部分；③ 假定解释变量之间相关性为零；④ 测度模型参数，评测拟合度；⑤ 按估计结果进行模型解释。通过分析模型参数是否显著、数值大小等解释相关事件。该模型的优势在于对预测变量无具体的分布要求，模型的线性形式确保了概率的有效取值，模型结构简洁且能够满足及时更新数据的需求。

(2) K 近邻模型

K 近邻(KNN)模型是对数据进行分类和回归的一种算法，借助极限定理，其主要思想是每个数据最接近的 K 个邻居就间接代表其“身份”特征，因此更适用多分类问题，即交叉重叠较多的数据集。K 近邻模型的 3 个基本要点为：① 距离测算——特征空间中两个样本数据的间距与其相似程度正相关；② 确定

K 值——K 值较大时，则预测较大邻域中的样本数据，模型会过多考虑相关的邻近点，甚至将大量对预测结果没有影响的数据考虑在内，导致分类不准确；③ 分类决策规则——将测试数据归类为与之欧式距离最小的 K 个近邻中大部分从属的类别，而在回归赋值时，则利用不同距离的近邻带来的影响程度确定不同权重值。作为无参数的模型，其优势在于概念清晰、容易操作，另外在分类时可以不将样本的数量规模列入考虑范围，只需关注相邻样本。该模型的缺点也是显而易见的，比如计算量较大，需要计算到所有已知数据的距离；较为依赖数据样本集容量，当样本不平衡时，数据结果容易失真。针对该模型存在的问题，学者们指出了关于分类精确度的改进方向，吴润秀(2015)[93]结合 DS 证据理论，在集值决策系统上修正了 KNN 模型，解决了在临界点细微变动导致的状态分化问题。

(3) 决策树模型

决策树(DT)模型是非参数的数据分类与回归的算法模型，表示为通过线条和图形连接的树形结构。模型的流程遵循“分而治之”的基本原则，可描述为对相应对象的分类预测，因此决策树模型天然是多分类算法。从根节点(决策树的最高层)到叶节点(决策树的分支)递归生成过程中，在各个节点的特征挑选标准为:信息增益最大的原则，即只考虑局部而非整体最优。为了提高决策树的泛化能力，缓解拟合的严重化程度，可采用修枝剪枝的策略，从而得到最佳决策树。在具体算法上，包括 ID3 算法、C4.5 算法和 CART 算法等等。该模型的优势在于直观易懂，预测效果好；不需要进行数据的预处理，对因变量的结构和分布无要求；对缺失值的包容度大；适用于多重属性的数据集。缺点在于初始数据只要有一点点改变就会对整体结构产生重大影响；只能处理离散变量；样本权重需进行权衡。关于基本决策树的改进，可针对样本特征采用增益比率法、二元决策树，或者 Gini 索引法、G 统计法等。

(4) 随机森林模型

随机森林(RF)模型是以决策树为基础的回归和分类集成算法,有放回地随机抽取部分数据产生新集合后,再随机抽取部分特征作为待选特征,参与新决策树节点的分支过程,持续递归分支,最终生成达到数量要求的决策树群,形成所谓的随机森林。RF 模型是基于集成学习的思想,也就是将众多孤立的决策树整合起来,取长补短,避免单棵树的分类缺陷与局限性,从而用来预测最终的结果。当进行分类预测时,即使不同决策树的反馈偏差较大,但利用"少数服从多数"的思想,极左或极右的数据能够被过滤,正确的预测会浮出水面。简而言之,随机森林通过随机选取数据和特征,丰富系统的多样性,提升分类性能,并汇总大量决策树的结果,从而提高了预测的准确性。该模型的另一大特征在于自助法,依据 bagging 策略,不借助其他样本数据,从自身源源不断的数据中挖掘新样本,这点适用于处理小容量数据,可以较大程度上避免偏差。不同于决策树,随机森林适用的数据范围也更广泛,能够独立处理连续型数值,尤其适用于海量大数据。该模型的优点在于随机方法的运用,缓解过度拟合的程度;平衡数据样本集的误差,具有很好的抗噪声能力;检测各特征间的亲近度。缺点在于比决策树算法更复杂,计算成本更高,需要更多的时间来训练。

(5) 梯度提升回归树模型

梯度提升回归树(GBRT)模型是基于决策树的回归和分类集成算法。与随机森林方法不同,梯度提升回归树模型依据 boosting 思想,采用连续的方式构造树,每棵树都希望从前一棵树的错误中得到经验教训,并进行进一步学习。用数理语言表述,即指利用残差值模型,每一次计算都是为了减少上一次计算的残差值,需要不断进行算法迭代。GBRT 的思想主要分为以下 3 部分:一是 RT(回归树),回归树在每个节点都能得到预测值,在进行分支时以最小均方差为选择标准,代替了分类树的最大熵值;二是 GB 算法,本着基于残差进行学习的思想,算法每迭代一次产生相关模型,为了使损失函数更小,采用向负梯度方向移动的方法;三是 Shrinkage,即逐步缩减靠近,通过为每棵决策树设置权重来逼近学习残差的目标。该模型的优点是可适用于处理不同类型的数据,预测能力强和处理异常数据到位等,缺点是模型扩展性不好,很难实现并行化。

(6) 朴素贝叶斯模型

朴素贝叶斯(NB)模型是非参数的数据分类算法,依据贝叶斯定理与独立分布的属性假设,即属性之间没有关联,各自独立。NB 模型涉及的参数不庞杂,算法也比较简单,从理论层面上认为总体偏差度较小。一般有 3 种可以选择的模型:伯努利模型、多项式和混合模型。由于有数据独立的假设前提,因此朴素贝叶斯的梯度不需要执行下降程序,只需直接以属性变量的发生概率为权重。NB 模型是生成模式,用作分类时以分子大小作为比较,在实践中多应用于屏蔽社区言论、垃圾邮件、个人广告中获取区域倾向等方面,包括创建数据集、数据预处理、词集模型和词袋模型、朴素贝叶斯模型训练和优化等。算法开发流程包括收集数据、数据预处理、研究数据和实践算法。该模型核心内容在于选择高概率的决策,其主要原理为:在已知先验概率和条件概率的情况下,用最大似然估计法计算出后验概率。该模型优点是可执行多分类任务;不计较数据缺失,容错率较低。缺点是对原始数据要求高,需要获知先验概率。

(7) 神经网络模型

神经网络(BP)模型是按照误差逐层反传的多层前馈算法,也就是一种信号的正向传播到误差的反向传播的过程。BP 神经网络对复杂的数据分类能力强,能存储大量的映射关系,主要用于逼近函数、模式识别和数据压缩。训练过程包括误差计算、反向传播和权值更新。在结构上,BP 网络包含输入层、隐藏层和输出层。该算法运用梯度下降的方法,运用梯度搜索法来不断试测概率值和临界值，使得误差平方和最低。该模型优点在于其强大的映射功能，容错性强，可进行数据存储和记忆，缺点在于搭建复杂，局部极小化问题，样本依赖性问题，学习速度慢，解释力差。此外，该模型中度样本数量要求较高。有学者还比较了 BP 模型和二元 Logistic 回归模型，比如林森（2018）[94] 运用二元 Logistic 回归分析选择了影响股权项目融资的关键因素，基于此构建了神经网络模型，并对两类模型的辨别力度进行了比较，指出就融资成功率而言，二元 Logistic 回归模型的结果优于 BP 模型。

（8）支持向量机模型

支持向量机（SVM）模型是一种数据分类与回归的算法，是基于机器学习问题、统计学习理论和核函数的模型。其中，统计学习理论是特有的研究有限样本数据问题的重要方法论，主要包括：测度函数集泛化能力和收敛速度的 VC 维，该指标与函数集的学习能力正相关；成就经验风险最小的结构风险最小化原则，也就是使决策函数结构最优以满足有序风险最小。基于最大学习能力和结构风险最小化的原则，SVM 是由线性分类状态扩展至非线性分类的模型，能有效解决神经网络模型尚且存在的诸多缺陷。SVM 可分为线性支持向量机和非线性支持向量机。

① 线性 SVM 模型

对于二分类难题，在二维空间内部，测试样本满足被 H 分隔超平面，H_1、H_2 经过测试样本与 H 间隔最小又平行于 H，H_1、H_2 两者之间的远近距离定义为分类间隔，软或硬间隔能表示类别测试是否精确及有效，超平面关于该样本数据的分类间隔为 $y_i(w \cdot x_i + b)$。当 H 能够正确分开数据并使得分类间隔最大时，就成为最优分类线，对于高维空间来说，H 就是最优分类超平面。假设样本数据集 $T=\{(x_1, y_1), (x_2, y_2), \cdots, (x_n, y_n)\}$，$x_i \in X = R^d$，$i=1, 2, 3, \cdots, n$ 为输入向量，$y_i \in Y = \{+1, -1\}$ 为反馈输出值。3 个平面 $H: w \cdot x + b = 0$；$H_1: w \cdot x_i + b \geqslant 1$，$y_i = 1$，$i = 1, 2, 3, \cdots, n$；

$H_2: w \cdot x_i + b \leqslant 1, y_i = -1, i = 1, 2, 3, \cdots, n$，可以理解为输入向量通过分类函数，被超平面 $y_i \in \{+1, -1\}$ 分开，其中，线性判别函数为：

$$f(x) = w \cdot x + b \tag{2.1}$$

存在 (w, b)，满足 $w \cdot x_i + b > 0$ 时，$y_i = 1$；$w \cdot x_i + b < 0$ 时，$y_i = -1$。最优分类超平面的确定也就是找到 (w, b)，使得分类距离最大，以确保分类的推广能力。对于分类超平面而言，借助有效地扩大或减小 w, b，自身并没有实质上的任何改变，但是分类间隔发生了改变。确定分类间隔为 $\frac{2}{\| w \|}$，问题转化为求 $\| w \|^2$ 最小，即：

$$\begin{cases} \min\limits_{w,b} \frac{1}{2} \| w \|^2 \\ \text{s.t.} \ \ y_i(w \cdot x_i + b) \geqslant 1, i = 1, 2, 3, \cdots, n \end{cases} \tag{2.2}$$

为了求解上述函数，可采用 Lagrangian 乘子法求解：

$$L(w, b, \alpha) = \frac{1}{2} \| w \|^2 + \sum_{i=1}^{n} \alpha_i (1 - y_i(w \cdot x_i + b)) \tag{2.3}$$

其中，$\boldsymbol{\alpha} = (\alpha_1, \cdots, \alpha_n)^{\mathrm{T}}$ 为乘子向量，并分别对 w, b 求导，令其等于 0：

$$\frac{\partial L}{\partial w} = w - \sum_{i=1}^{n} \alpha_i x_i y_i = 0 \tag{2.4}$$

$$\frac{\partial L}{\partial b} = \sum_{i=1}^{n} \alpha_i y_i = 0 \tag{2.5}$$

这样就成功地转化为带线性约束的凸二次规划寻优问题。利用最优解的 KKT 充分条件，求得 $w^* = \sum_{i=1}^{n} \alpha_i y_i x_i$，由此得到最优分类超平面方程：

$$\begin{cases} \max \sum\limits_{i=1}^{n} \alpha_i - \frac{1}{2} \sum\limits_{i=1}^{n} \sum\limits_{j=1}^{n} \alpha_i \alpha_j y_i y_j (x_i x_j) \\ \text{s.t.} \ \ \sum\limits_{i=1}^{n} \alpha_i y_i = 0, \alpha_i \geqslant 0 \end{cases} \tag{2.6}$$

求出 $b^* = y_i - \sum_{i=1}^{n} \alpha_i y_i (x_i x_j)$，得到线性判别函数即最优分类超平面为：

$$f(x) = \operatorname{sgn}(w \cdot x + b) = \operatorname{sgn}\left(\sum_{i=1}^{n} \alpha_i y_i (x_i x_j) + b^* \right) \tag{2.7}$$

对于二分类问题中样本数据近似可分，即不能被完全分离的情况，需要在模型中引入松弛变量 ξ_i，此时问题转化为：

$$\begin{cases} \min\limits_{w,b,\xi} \dfrac{1}{2} \| w \|^2 + C \sum\limits_{i=1}^{n} \xi_i \\ \text{s.t. } \ y_i (w \cdot x_i + b) \geqslant 1 - \xi_i, \xi_i \geqslant 0, i = 1, \cdots, n \end{cases} \tag{2.8}$$

并利用二次规划来解决非线形规划问题，得到：

$$\begin{cases} \max \sum\limits_{i=1}^{n} \alpha_i - \dfrac{1}{2} \sum\limits_{i=1}^{n} \sum\limits_{j=1}^{n} \alpha_i \alpha_j y_i y_j (x_i x_j) \\ \text{s.t. } \ \sum\limits_{i=1}^{n} \alpha_i y_i = 0, 0 \leqslant \alpha_i \leqslant C \end{cases} \tag{2.9}$$

依据相同的思路，由最优解 α 得到 $w^* = \sum_{i=1}^{n} \alpha_i^* y_i x_i$，$b^* = y_i - \sum_{i=1}^{n} \alpha_i^* y_i (x_i x_j)$，得到线性判别函数即最优分类超平面为：

$$f(x) = \operatorname{sgn}(w \cdot x + b) = \operatorname{sgn}\left(\sum_{i=1}^{n} \alpha_i^* y_i (x_i x_j) + b^* \right) \tag{2.10}$$

② 非线性 SVM 模型

在 n 维非线性空间内部，支持向量机模型利用核函数把在低维度空间的样本数据投影到高维度空间，认为可以更好地实现线性可分，即在高维度空间构造最优超平面（如图 2.1 所示）。核函数是 SVM 的核心，可以以最大的效率解决非线性问题，在具体的核函数构造上并无统一的规定，主要有以下几种类型：线性核函数、d 阶多项式核函数、径向基核函数和双曲正切核函数。现介绍非线性支持向量机的计算过程。

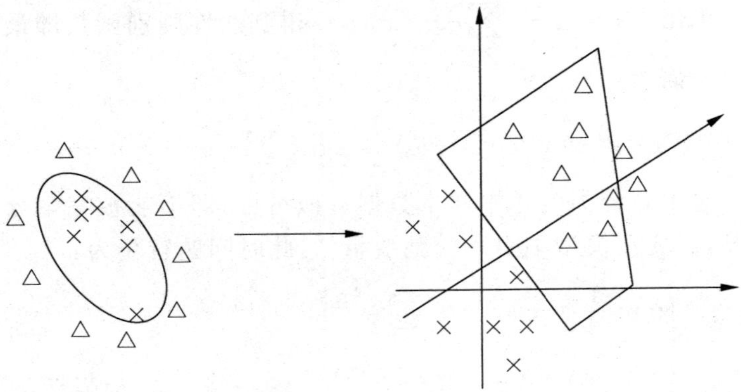

图 2.1　SVM 核函数变换

首先将低维空间非线性可分的数据样本 x 作映射变化 ϕ 投影到高维空间上，使 $x \to \phi(x)$，$R^d \to H$。设核函数 $K(x_i, x_j) = \phi(x_i) \cdot \phi(x_j)$，值得注意的是，SVM 模型运用点积函数，也就是说无论 ϕ 的表达形式如何，可以直接在变换的低维空间找到对应核函数的点积，然后在高维特征空间直接运用点积结果函数，进行非线形转变以构造分类函数，避免在高维领域的大范围计算困难，即所谓的“维数灾难”。最终得到 $w^* = \sum_{i=1}^{n} \alpha_i^* y_i x_i$，$b^* = y_i - \sum_{i=1}^{n} \alpha_i^* y_i K(x_i x_j)$，得到线性判别函数即最优分类超平面为：

$$f(x) = \text{sgn}(w \cdot x + b) = \text{sgn}\Big(\sum_{i=1}^{n} \alpha_i^* y_i K(x_i x_j) + b^*\Big) \tag{2.11}$$

综上所述，支持向量机的算法原理主要包括以下两方面：首先，如果输入值线性可分，则直接进行分析；如果输入值线性不可分，在原始输入空间内使用非线性映射，将线性不可分的测试数据变化转为在目标空间内线性相关的样本。其次，遵循结构风险最小化的原则，采用高维度的特征空间替代初始空间设计出最优分类平面，分类或回归数据，实现全局而非局部最优化的目标，使得在处理非线性函数时能够展现出强大的拟合能力。该模型优势在于：对于小样本数据分类效果明显，计算简单，国内外学者广泛运用 SVM 模型进行数据分类与挖掘；高维度识别，即现实中的数据集普遍是紧密不可分割的，因此 SVM 利用映射函数进行高阶映射时，能够投射到更高维度的空间中并轻松实现数据间的分离。高维模式识别使得 SVM 成为公认最好的分类器。

2.4　本章小结

本章首先指出了投资者情绪的定义、分类和度量，否定了投资者的“理性人假设”，从投资者的“噪音交易者”身份着手，认为投资者情绪影响其投资行为，并指出学者们主要从显性、隐形和综合指标层面测度投资者情绪。然后，介绍了现代资产组合理论、有效市场理论与行为金融理论的内涵和划分，认为现代资产组合理论和有效市场理论都属于传统金融理论，而行为金融理论是克服了传统金融理论的弊端，更能有效解释投资者的实际决策行为，并基于有限理性和认知偏差理论展开对投资者情绪的分析。最后，介绍各种市场预警理论模型。其中，Logistic 模型为二分类数据的解决模型，K 近邻模型是无参数的简单回归模型，决策树模型、随机森林模型和梯度提升回归树模型适用于多属性数据的分类与回归，朴素贝叶斯模型是无参数的满足独立分布假设的生成模型，神经网络模型是误差导向的反向分类模型，而支持向量机模型是满足结构风险最小化的模型。各种模型均各具特色，预警理论模型需要在这些原始模型的基础上加以选择并构建。

第3章 网络媒体视角下投资者情绪的传播机制及其对股票市场风险的影响机理

3.1 基于互动仪式链理论的投资者情绪形成机理

3.1.1 社交媒体下投资者情绪的内涵

根据 De Long 等(1990)[95]所提出的噪音交易理论,噪音交易者是指在股票市场进行投资时对未来现金流的期望和判断无法反映当前事实的投资者。Baker 和 Wurgler(2006)[5]将噪音交易者在股票市场进行投资时,对股票收益期望的非理性的情感判断称为投资者情绪。陈军和陆江川(2010)[96]认为噪音交易者的投资者情绪的产生主要是由于过分自信和自我归因。

近年来,随着网络技术和通信技术的不断发展,互联网社交媒体的快速普及和信息获取的便利使得投资者在进行股票投资时的判断更加容易受到社交媒体的影响。学者们认为投资者在互联网社交媒体的参与程度对投资者情绪的影响非常明显且程度各不相同。Tetlock(2007)[97]、Tsechansky 等(2008)[98]通过对网络用语的检测和分析发现在社交媒体中表达的消极词汇或观点可以预测股票回报和收益。孙鲲鹏和肖星(2018)[99]认为互联网社交媒体对于个体投资者情绪的作用明显:社交媒体反映投资者情绪并影响投资者情绪。

互联网社交平台给投资者提供了一个交换信息和发表看法

的场所。当网络社交媒体还没有普及时，人们主要是通过报纸、杂志等信息单向传播的大众传媒来获取所需的信息。这一方面使得信息获取受限于时间和空间的限制，另一方面，由于传统媒介信息存在筛选机制及专业倾向，信息输送渠道的单一且内容的全面可靠阻碍了投资者心理偏差的形成。与大众传媒相比，互联网社交媒体准入门槛低，获取成本低，信息传播及时。因此，在人们更热衷于使用互联网社交媒体进行信息交流的大环境下，个人投资者在即时通讯软件以及社交论坛上所分享的投资经历和观点看法，都在无形之中强化了这些信息的交流者和浏览者的心理偏差。当人们在社交媒体上看到同一倾向的帖子或者信息较多时，无形中就会给浏览者一种心理暗示，即这种投资倾向是大多数人所支持的，对于那些想法和大多数网络媒体上舆论不一致的个体投资者，他人的个体偏好就强加于这些持不同观点的个体投资者，尤其是那些非理性投资者在投资前还可能犹豫不决和存在理性的判断，当他们被社交媒体舆论所包围后会开始变得坚定且非理性。个人受到群体的压力和影响时，由于从众心理的存在，即使无法证实大多数人的投资观点一定是对的，他们也会随波逐流。对于与网络舆论倾向一致的个体投资者，在互联网社交媒体上进行交流后极易形成异口同声、一致看涨等情形，使得个人投资者过度自信，这种过度乐观的情绪导致更多的买入行为。当人们为情绪所驾驭时，互联网上的信息交流就会让投资者不再理性，从而更加容易产生从众心理和行为。因此，网络社交媒体强化了羊群效应，人们逐渐趋向于非理性的判断，成为噪音交易者，个体投资者情绪由此产生。

3.1.2　互动仪式链视角下投资者情绪的形成机理

柯林斯(2009)[100]指出互动仪式是社会发展的基础，社会中的每一个人只有在与社会中的其他人进行互动时，才会在以社交为基础的社会中实际存在并且形成个体的形象。互动仪式链的核心就是高度的相互关注，而相互关注和不断互动对于情感能量的形成则意义重大，这种情感能量是维持联系的前提条件，仪式链中的每一环节的相关参与者由于情感能量的存在，促使他们感受到信心、热心等，从而形成组织信仰、组织文化等。而进行互动仪式的个人参与者能够利用仪式所产生的组织情感和组织文化等引起社会的互动，通过一段时间的传播扩散，最终形成固定的模式。柯林斯提出互动仪式能够发生的基础条件至少有4个：一是两个或者两个以上的仪式参与者的身体在场；二是对互动仪式以外的局外人进行限定；三是人们的注意力要集中在共同的事物或者活动上，并且能够通过互动了解关注的焦点；四是人们对共同的情绪和情感进行分享。投资者情绪的形成机理见图3.1。

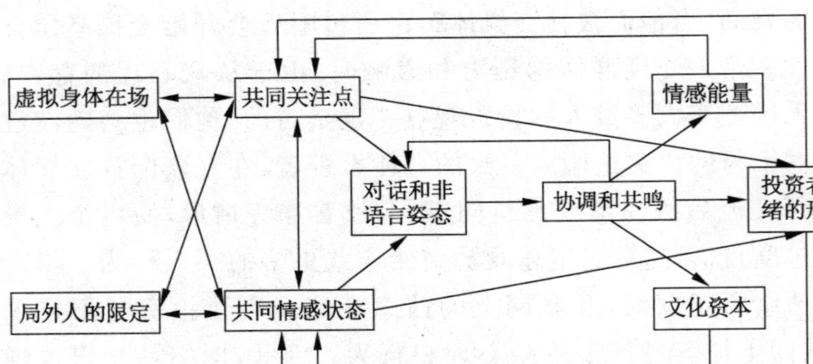

图3.1　基于互动仪式链理论的投资者情绪的形成

（1）互联网媒体创造虚拟的身体共同在场

随着互联网技术和社交网站的快速发展，人们会更加依赖通过网络来了解股市的相关信息和投资风向。个人投资者通过微博、微信进行互联网社交时,每个人有一个或多个属于自己的账号,在互联网的世界里存在着虚拟的身份,虽然身份是虚拟的,但是身份背后的操控者是确实存在的投资者个人,而且依赖于网络技术的不断完善和传播介质的不断更新使得网上交流成为一种及时性的反馈。即使是两个身在异地的人,借助技术的发展也能最大限度地进行信息交换。因此,社交媒体上的个人身份可以看作是物理身体的延伸,打破了物理空间的局限,帮助网络背后的个人用户在互联网上创造出虚拟身体以达到在场的效果。此外,网络社交媒体如微信、微博等为个人投资者创造出可聚集的虚拟空间,他们可以随意地发表自己的观点、交流自己所获取的信息等,从而有效地表达自己的情感。而且,随着社交媒体的形式和内容的不断更新,人们自发组建股票交流微信群或者是微博话题组,从而更加容易将自己的个人情感进一步发展为集体情感,以多样化的形式完成身体共同在场。

(2) 对局外人设定界限

由于社交媒体的大众化和准入门槛低的特点,许多非投资者也流连于互联网社交媒体之中。但是,互联网社交媒体中所形成的群组无形中将这些非股票投资者限定在个人投资者的交流圈之外。人们通过微信群等方式组建了属于股票个人投资者的社交圈,通过邀请入群等方式排除了大部分不相关的互联网社交媒体参与者。此外,互动仪式发生时,参与者会通过特定的方式对信息交流的人群进行识别,比如微博通过带话题的转发或者个性化的标签对参与者进行界定;互联网社交媒体的管理员,如微博话题的主持人或者微信群的群主等,能够通过身份验证或者邀请方式对局外人进行限定,提高了互联网社交媒体参与者的参与门槛。并且,在使用互联网社交媒体进行信息交流时,股票讨论中的相关术语对非股票投资者来说是相对陌生的,这在无形中限定了只有股票投资相关者才能有效参与讨论与互动。

(3) 共同关注点和共同情感状态

对于参与互联网社交媒体的个人投资者来说，他们拥有共同关注点和共同的情感状态。他们的共同关注点都在股票投资这件事情上，具体来说，就是个人投资者在进行微博、微信等互联网社交媒体浏览时，会将大部分的时间与关注点停留在证券股票投资方面。虽然互联网上的股票信息纷繁复杂，但是共同关注点使得个人投资者在网上看到的股票投资信息会有重叠，为了能够更多地获取互联网相关信息，互联网社交媒体中的个人投资者会关注其他投资者的发言或者动态。特别地，由于互联网社交媒体大多数时候的交互方式不是面对面的，因此，互联网社交媒体中的个人投资者在参与互动时更加倾向关注其他个人投资者的对话和非语言姿态。当这些个人投资者在社交媒体上产生共鸣时，由于从众心理等因素的存在，个体的极端情绪就会在网络上进行传播，直接导致群体的消极或者积极情绪的产生，最终群体情绪形成后又会加强互联网社交媒体中的个人投资者的关注。此外，值得一提的是，微博、微信等互联网社交媒体给参与者提供了舆论形成的虚拟空间，舆论在这个虚拟空间中不断发酵，使得单个投资者的情感能量由于情感共鸣的存在而被不断放大，最终汇聚成集体的情感能量，在社交媒体中的个人话题发展成为群体话题，舆论虚拟空间的情感能量就会吸引更多个人投资者的关注。

共同的情感状态是促使仪式发生的另一个最基本的要素。共同情感状态和不同投资者间的留意能够相互作用，并且当人们拥有共同的关注点时，更加容易被相同的情感所吸引，因此，共同情感状态和共同关注点之间也能相互影响。此外，共同情感状态对群体情绪的形成机制与共同关注点类似，都通过对话和非语言姿态影响个人投资者，从而促使个人投资者之间产生协调和共鸣，最终形成群体情绪。与此同时，协调和共鸣也会产生文化资本并且作用于共同情感状态。文化资本的相同使得个人投资者之间更容易拥有共同情感，形成内群体。在互联网社交媒体广泛普及的时代，非正式的人际交往会更加容易而且更为频繁，微博关注话题、微信群等的建立也印证了内群体的产生。

综上所述，网络技术创造了用户虚拟的身体共同在场，且互联网社交媒体的互动规则限制了非投资者用户对互联网股票投资内群体的准入。互联网社交用户对股票投资的共同关注点和追求股票收益而产生的共同情感状态构成了互联网社交媒体下互动仪式产生的基本条件，并且通过文化资本的不断累积和单个投资者用户情感能量的不断聚集，最终所有投资者的情感共鸣被放大而形成投资者情绪。

3.2　投资者情绪在网络媒体中的传播机制

3.2.1　网络舆论的传播特点

(1) 网络舆论传播具有高效性和时效性

与传统媒介相比，网络舆论的传播更加高效和及时。报纸和电视等传统媒体传播信息往往是在特定的时间内进行推送，信息产生的速度具有一定的周期性，一般以日或者月来进行度量，而现代互联网的高速发展打破了常规信息传播的时间限制和空间限制，信息的传播以秒甚至是毫秒来计算，使得人们可以随时获得最新信息。并且，随着移动互联网技术的不断发展，参与信息传播的介质不再局限于电视或者报纸，通过手机上社交媒体的转发和推送，接收者同时也成为信息的传递者，以一传十、十传百的方式进行信息传播，信息传播的效率极高。此外，网络上的信息都处于动态变化中，每时每刻不同信息的关注度也在变化，由于猎奇心理的存在，人们往往倾向于关注热点事件或者突发性新闻，导致这种时效性很强的信息更容易转化为舆论。

(2) 网络舆论传播的主体多样化

传统媒体的传播主体相对固定,主要由媒体记者通过报纸、电视等媒介对热点信息或者新闻事件进行的专业性报道。相对而言,网络媒体的传播主体更加多元化。网络舆论传播主体可以是在网上表达看法或者进行话题评论的当事人,也就是说,每一个互联网参与者都可以成为网络舆论传播的主体。由于互联网媒体的准入门槛较低,网民数量庞大,且网络的参与人群不再局限于某一个阶层,注册账号即可在互联网上发表自己的观点。相对于传统媒体而言,互联网社交媒体上的用户身份更加隐蔽,一般以匿名或者昵称的方式发表自己的看法,使得在传统媒介中缺少话语权的受众能够在网络上畅所欲言,特别是在微博、微信等受大众欢迎的社交媒体中,每一个用户发表的观点或者分享的经历都可能成为舆论的雏形。因此,与传统媒体相比,网络媒体舆论传播的主体不再是有组织的个人或群体,而更多的是普通用户,形成了传播主体的多元化。

(3) 网络舆论传播的具有互动互联性

传统媒体的信息传递方向总是从信息的发送者到信息的接受者,具体而言,就是电视、报纸等传统媒体将信息呈现出来,大众观看或者阅读信息,当信息的接受者获取信息之后,不能够直接与信息发送者进行交流与反馈。但是,网络舆论的传播则是双向渠道,得益于网络的互联互通,受众能够在很短的时间里接收到信息,并且也很容易进行信息交流与反馈。当人们从互联网社交媒体中看到感兴趣的话题时,能够与信息的发布者或者与更多其他同样感兴趣的用户进行交流,形成一个交流互动关系网,相互间的评论反馈更能激发受众的关注度。此外,传统媒介所形成的舆论相对于网络舆论来说存在地域的限制,传统媒介往往更关注当地热点事件,当地受众之间进行讨论时也会更加关注身边事,形成的舆论传播范围有限。但是,互联网是连接全球用户的一个媒介，网络舆论可以借助互联网的互联互通将信息传播到世界各个地方，对同一事件的关注人群可能并非来自同一个地方，这打破了传统媒介信息传播的地域限制，网络舆论传播的范围则更为广泛。

（4）网络舆论的传播的碎片化

传统媒体对事件的报道会更加全面，其主要原因是传统媒介的传播主体主要为记者或机构，对复杂信息进行过滤和筛选之后才会最终呈现在受众的面前。但是，网络舆论的传播往往很不全面，互联网社交媒体中的用户很难对某件事的描述做到面面俱到，因此，网络舆论所表达的信息往往是简短的、碎片化的。网络舆论的形成是由于关注度的上升，互联网社交媒体中的舆论因简短而具有吸引力，完整的信息往往因此被碎片化。并且由于网络信息的发布者通常是普通人群，他们在发布信息时具有时间上、空间上的不确定性，其发布的内容往往言语不完整，从而导致网络舆论的碎片化。

（5）网络舆论传播的两面性

传统媒体往往受到市场的严格监管，其内容在向受众播送前会受到层层的检查，在控制舆论方面往往具有积极导向性。但是由于网络言论相对自由，任何人都可以在互联网上发表自己的评论，发言环境的相对宽松导致了网络舆论存在两面性，即网络舆论既可能是正面的也有可能是负面的。特别是在危情发生或大事件发生时，网络用户的舆论可能会是消极负面的。其主要原因是由于网络群体数量庞大，难免会有某些别有用心的用户唯恐天下不乱，而在事关国计民生的重大事情发生时，在网络上夸大负面影响或者传播不实信息的情形时有发生。网民由于自身判断能力的不足和信息不对称，可能会被这些虚假信息所欺骗，并且被蒙蔽的网民往往会继续传播这些不实信息，从而以讹传讹，造成极大的负面影响。

(6) 网络舆论传播具有娱乐性和戏谑性的倾向

网络社交媒体的用户群有年轻化的趋势，更容易为新鲜的、具有娱乐性的信息所吸引。自由开放的网络社交环境使得人们愿意传播的信息是能够吸引眼球的，最终导致网络上形成的舆论往往倾向于娱乐性和戏谑性。靳琰和孔璐璐(2016)[101]认为技术解放和信息过载是导致新媒体的网络泛娱乐化形成的重要原因。互联网社交平台不同于传统媒体，传统媒体经历了漫长的发展时期，有着广泛的受众人群，但是互联网社交媒体盈利的主要方式为通过增加用户流量，因此社交媒体在为网络用户提供了信息的同时，为了迎合受众的娱乐需求，大量充斥着恶搞、八卦等能激起大多数用户兴趣点的内容，因此，网络舆论的传播相对更加具有娱乐性。此外，互联网对阶层的无约束性给了网民抵制权威的空间，能够自由表达草根阶层的价值观，同时借助网络传播的便利性，非正式的表达方式往往更能使相同阶层的网民产生共鸣而被广泛传播。

(7) 网络舆论的传播难以控制

舆论具有公共性、突发性和异常性三大特点，任何与大众利益相关的事件都有可能成为舆论。网络社交媒体中的用户基数较大且用户呈现多元化发展趋势，当与大众利益相关的事件发生时，大量的网民关注就容易导致“蝴蝶效应”。对同一件事情的关注点不同或者是用户群特征的不同，都有可能导致网络舆论朝着不同方向发展，而衍生出新的舆论，这直接导致监管难度的增大和监管成本的上升。此外，互联网所连接到用户群体的地理分布广阔，当网络舆论发酵时，地方的监管难以顾及所有的相关用户，而且互联网用户身份隐秘的特点也进一步导致舆论的监控难以进行。与之对应的传统媒介由于传播的地理限制或者受众群体特征较为相似，在舆论控制的成本和难度上都相对较小。

(8) 网络舆论传播具有羊群效应

在互联网社交媒体中，浏览量或者热度较大的信息被推送的次数会更多、频率会更高，当网络舆论具有明显倾向性时，相同倾向的观点会在用户的视野中出现更多，并且大部分网络用户所掌握的信息都是来自于网络，对事件的观点和看法也容易受到大众看法的影响，因此网络舆论在传播过程中由于互联网推送机制而产生很强的"羊群效应"。此外，在现实生活中互联网社交媒体中出现的炒作，就是利用网络舆论传播的"羊群效应"。互联网炒家将具有很强倾向性的信息热度和浏览量提升，使得相关信息更容易被普通用户关注，在大量的浏览之后形成心理暗示，认为其就是主流观点，从而误导网络舆论走向。

3.2.2　基于小世界网络的投资者情绪的传播机制

(1) 完全规则网络与小世界网络理论

Milgram(1967)[102]通过对信件转寄次数的统计，发现两个自然人之间的平均距离为 6，从而提出了"六度分离"的假说，即不认识的两个人能够通过 6 个人的人际关系链而进行联系，是复杂网络的雏形。在对复杂网络进行研究时，学者们将复杂网络中的完全规则网络视为具有 N 个点且邻点两两连接的圆形网络图形。在研究中假设每点左右各有 k 个点，那么每一个点总共就有 $K=2k$ 个相邻点且点之间的分布均匀。完全规则网络具有以下特性：

① 度与度分布

选取的任意一个节点与之相连的邻节点的数 k 就被定义为一个节点的度，在完全规则网络中点的分布均匀使得 k 能够被测量。如果一个点被连接的次数越多，那么这个点所呈现的功能就更加重要，相应的 k 的值就会越大。随机选取一个度为 k 的节点，它的分布函数为 $p(k)$，那么 $p(k)$就是这个网络的度分布。

② 平均路径长度

规则网络中 i 点和 j 点间最短路径的边长度就是 i 和 j 之间

的距离。由于完全规则网络模型是一个正圆,所以规则网络中任意两个节点之间的最大距离就为圆的直径。定义 N 为 i 节点和 j 节点之间的网络节点数,网络的平均长度 L 就是任意两个节点 i 节点和 j 节点之间的距离平均值:

$$L=\frac{1}{\frac{1}{2}N(N+1)}\sum_{i\geqslant j}d_{ij} \tag{3.1}$$

一般来说,平均路径长度是用来衡量网络的随机性的程度,平均路径长度与其复杂网络的随机性成正相关。

③ 聚类系数

完全规则网络中节点的聚类系数被定义为网络中一个节点 i 与邻点之间相互连接的可能概率,即一个点的聚类系数就是它的邻点之间实际存在的边的数目与所有可能边的数目之比。如果节点 i 的 k 个邻点之间最多边数目为 $k(k-1)/2$,实际存在 E 条边相连接,那么节点的聚类系数就为

$$C=\frac{2E}{k(k-1)} \tag{3.2}$$

网络中所有点的聚类系数的均值就是该完全规则网络的聚类系数,一般用来反映复杂网络的集中情况。

Watts 和 Strogatz(1998)[103] 发现聚集度较高和平均路径较短的网络结构具有完全规则网络所不具备的特性,特别是在信息扩散的程度上作用明显,在对完全规则网络进行演化后提出了小世界网络(WS 模型)。小世界网络模型是基于规则网络的,即将完全规则网络随机地重新相连的过程就是以概率 p 随机地打断网络中的连接点的边,被打断的边所连接的两点选取一点连接到这个网络中的其他节点。不同的小世界网络具有不同的 0 到 1 之间的概率 p,图 3.2 表示 $p=0$ 时的一个完全规则网络,图 3.3 为 $p=1$ 时的完全随机网络。

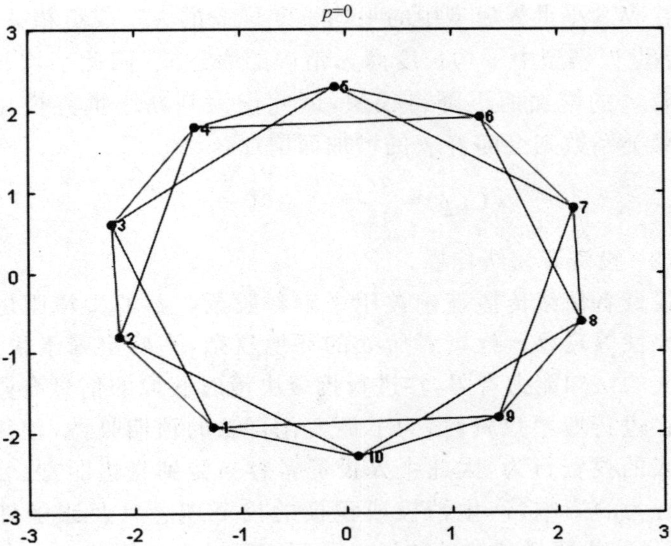

图 3.2　**p=0** 完全规则网络

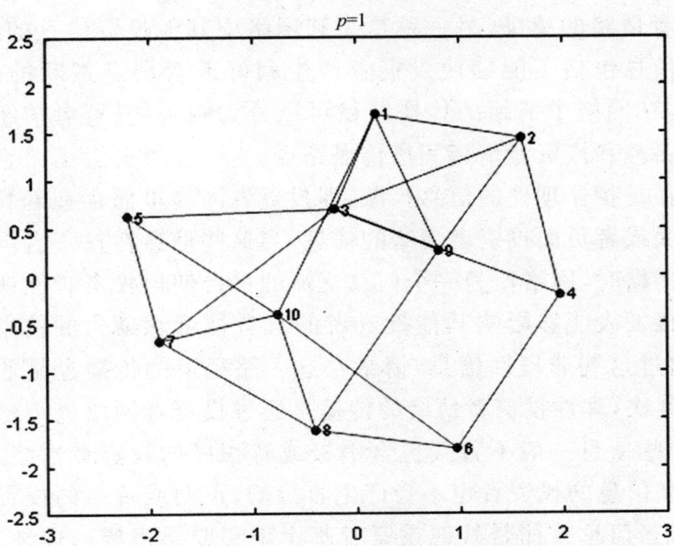

图 3.3　**p=1** 完全随机网络

在WS小世界模型中的平均长度与 p 的大小成负相关，由于WS小世界模型中平均长度尚无精确的表达式，因此平均长度是否随着 p 的增加而下降得很快，以此作为判断小世界模型的依据。聚类系数则会随着 p 的增加而增加：

$$C(p)=\frac{3(k-2)}{4(k-1)}3(1-p)^3 \tag{3.3}$$

（2）投资者情绪传播

投资者情绪传播理论被用来解释股票收益的尖峰肥尾和波动聚集性等现象。投资者所处的环境复杂，不确定因素很多，而且个人的认知能力有限，在进行投资决策时获取的信息有限。当人们在进行股票投资时，为了最大化自己的预期收益，往往会参考他人的投资行为，因此个人投资者容易受到身边朋友、邻居等投资行为的影响，产生消极或积极的投资理念以及跟随性的买卖，这说明投资者情绪的传播会受到人际关系的影响。

网络中情绪的传播主要有两种机制，一种是受到网络中其他投资者情绪的感染，另一种是受到网络中其他投资信息的影响，这些信息包括了能够使投资者产生利好或者利空判断的内容。因此，在网络中情绪的传播路径可以分为两种：投资者情绪直接传播路径和投资者情绪间接传播路径。首先，投资者情绪直接传播路径是指非理性的信息扩散，即投资者网络里面存在着直接包含正面或者负面投资者情绪的信息，当这些信息在投资者网络中进行传播时，网络作为一个信息交流的平台使得投资者能够自由地直接发表能够影响其他投资者的具有情绪感染力的信息。因此，通过这些非理性信息，情绪在这一路径上的传播也是非理性的。其次，理性投资者情绪的传播是通过投资者网络进行信息传播，这些信息一般不直接包含消极或者积极的投资者情绪，接收到此类信息的投资者也不会产生直接的、正面或负面的投资者情绪，这些信息往往是其他投资者基于现实股票市场的理性分析。但是网络中的投资者看到此类信息就会产生自己的投资判断，由于这种投资者情绪是建立在理性的分析或者预测的基础上，因此，投资者情绪在这一传播路径上往往是理性的。

(3) 基于小世界网络投资者情绪传播机制

在对小世界网络情境下投资者情绪传播机制进行分析之前，不得不提完全规则网络下的投资者情绪传播机制。在完全规则网络中，如果每一个节点代表一个投资者，规则网络中的个人投资者只受到相邻节点的影响，也就是说，在此种情形下，股票市场的参与者和信息交流者的密度是均匀分布的。但是在现实生活中，人们不可能只与周围邻居存在联系，也不可能只受到固定的某类人群的影响，因此，考虑到实际情形，人际关系网并非一个圆形的完全规则网络，而是一个相对随机和繁杂的网络。在小世界模型下个人投资者与周边人群进行交流的同时，也与非邻居的其他投资者存在关联。WS 小世界模型是基于完全规则模型进化而来的，此模型同时考虑了相邻的邻居之间的人际关系和随机建立的远距离的朋友之间的关系。WS 模型的构建步骤一般可分为 3 步：首先，连接各个点之间的邻点；其次，将点随机地与远程点相连接；最后，对节点之间的相邻关系进行打破。

投资者做出投资决策受到的影响因素是多种多样的，郭旭冲(2011)[104]对小世界模型下投资者情绪的传播进行仿真分析时发现，与规则网络下投资者情绪对投资收益的影响相对比，小世界网络下股票收益率能够出现尖峰肥尾的特性，与我国股票的实际情况类似。具体来说，小世界网络投资者情绪的主要通过以下途径传播(如图 3.4 所示)。

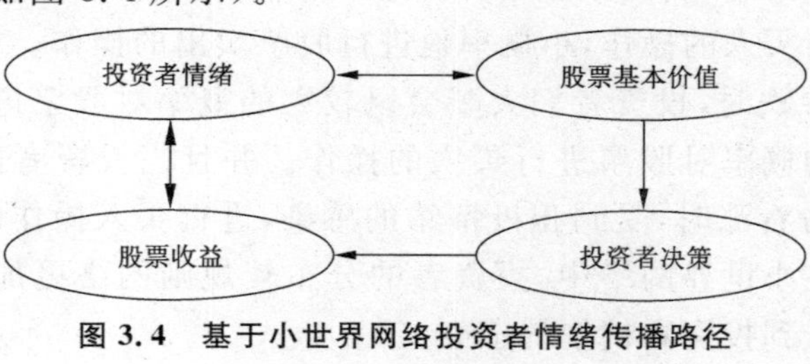

图 3.4　基于小世界网络投资者情绪传播路径

① 投资者情绪影响股票的基本价值

投资者情绪会对特定时刻的股票价格预期产生影响，股票价格预期的变化会影响投资者的投资买卖行为及其交易数量。根据我国竞价交易制度的规定，有效价格范围内选取最大成交量的价格，高于或低于此价格的所有订单都成交的集合定价方式，来确定最终的股票价格。由于规则网络下投资者的分布密度均匀，且分布是随机的，因此基本价值的分布也较为均衡，没有明显的尖峰肥尾特征。但是在小世界网络下，投资者会与网络邻居产生信息的交流，和网络中的其他投资者也会产生信息的交流，这也符合中国的实际情形。

② 股票基本价值影响投资者情绪和投资者决策

投资者们会根据股票价格的历史涨跌，使用技术分析对股票价格的未来变化进行预测，由于纯粹的技术面或者基本面分析难以准确地预测股票价格的未来变化，因此他们也与其他投资者进行信息交流，因此其他投资者对股票价格的看法也会影响投资者本人对股票的价值判断。韩庆兰(2009)[105]构建了小世界人际关系网络下的股市模型，发现由于羊群效应和投资者注意力的变动会导致市场的过度波动。Banerjee(1992)[106]对股票市场的羊群行为进行定义，认为投资者在投资时会不断观察市场中其他投资者的交易方向，如果发现自己的判断与大多数投资者不符时会对其他投资者进行模仿并摒弃自己投资决策的一切行为。由于大多数投资者在进行股票的操作时会对股票价值进行分析，如果股票价值较高时或者对股票价格看涨时，那么投资者们会大概率地进行股票买入的操作，小概率地进行股票卖出的操作。如果对股票价格看跌时，投资者们大多会以较大的概率对股票进行卖出，以较小的概率对股票进行买入的操作。并且当投资者的投资当期情绪为看涨时，受到积极情绪的感染，进行买入操作的概率会更高。在小世界网络中，投资者的分布较规则网络更加随机，因此更易受到投资者情绪的感染。

③ 投资者决策影响股票收益且投资者情绪与股票收益存在交互影响效应

股票投资者决策和一般企业投资者决策不同，股票买卖行为并非是影响股票收益的唯一因素，投资者情绪也同样会对股票收益产生影响。股票收益率是收益额与原始投资额之比率，也就是买入卖出价格之差乘以股票的交易量与原始投资额之比。因此投资决策会对股票收益率产生直接的影响。初晨(2015)[107]通过对股票价格进行研究时发现，投资者网络情绪对股票收益存在正面影响，股票收益率的变化会长期影响投资参与者的网络情绪但投资者的网络情绪只会对股票指数回报产生短期的影响。人们往往通过收益大小来判断股票的预期价值，因此股票收益终将影响投资者的情绪。

综上所述，小世界网络下投资者情绪的传播主要是由于投资者本人对其他投资者的投资操作的效仿行为，投资者本人对于他人的模仿行为会直接影响其对股票的未来预期，进而影响股票的买卖方向以及股票收益率，与此同时，网络中交流的随机性又会增强股票收益对投资者情绪的影响。

3.3　投资者情绪对股票市场风险的影响机理

3.3.1　从心理学角度分析

首先，内在心理活动是股票市场风险的心理基础。面对股票市场的各类信息，投资者经过大脑对信息的粗加工和细加工，外加心理、认知等因素的联合作用，逐步塑造对股票市场的双向情绪。当积极情绪盛行时，投资者会选择进入市场，交易频次增多，导致股票价格受供求双方影响波动较大。受有限理性和心理认知偏差的作用，投资者面对各类信息和决策抉择时容易成为“行为人”，而偏离传统的“理性人”标准。

对于不同的决策阶段，从差异化的心理活动中所产生的情绪容易导致股价波动。决策前，投资者过分关注特定几类典型行业的公司，并以这几类公司的业绩去推断整个市场的行情，而忽略其他公司潜在的成长价值，表现出明显"代表性偏差"(De Bondt和Thaler，1985)[10]。或者说，投资者只以过去的股票价格为参考做出决策预估，产生"锚定效应"(Cen等，2013)[11]。决策时，投资者偏好抛出盈利证券资产，仍然保留亏损资产，形成非理性的"处置效应"(Rau，2015)[12]。或者说，散户面对公司的亏损表现出风险寻求，产生"损失厌恶"心理(Benartzi和Thaler，1995)[13]。或者说，投资者在面对任何有用甚至无用信息时，都乐意追涨买股，一旦亏损便表现出失望、难受等情绪，出现"后悔厌恶"行为(Sautua，2017)[15]。决策后，投资者往往歪曲正确的市场信息，容易产生"自我归因偏误"(Kim，2013)[18]。以上的内心活动经过积聚、触发、扩散等过程逐步呈现出非理性特征。受此类心理因素的影响，投资者过分自信，或者更偏向于产生投机决策行为，带来股价暴涨。一旦这种不合理的暴涨趋势未长期持续，呈现出向下回归价值的特征，就容易形成股票市场风险。如果回归价值线过于迅猛，甚至会造成股市崩盘(Hong and Stein，1999)[92]。

股价波动是股票市场风险的最直观体现。Scharfstein和Stein等(1990)[108]认为投资者为了追求股票市场短期不断变化的热点会频繁地进行短线交易，从而造成市场动荡，加剧股票市场的脆弱性。陈其安和雷小燕(2017)[109]发现投资者情绪与价格波动性的正向关系显著。池国华和张向丽(2018)[110]赞同此类观点，认为羊群效应是股票价格偏离价值的成因，要么导致股市异常波动，要么加剧股价的波动程度，更严重的是导致崩盘风险。相反地，Lakonishok等(1992)[111]指出理性的羊群行为能够促使股票价格回归至均衡价格。比如，机构投资者受专业性、规模性和更加理性化的投资决策，可以消除非理性的成分，从而缓和股票市场的动荡趋势。此外，刘祥东等(2014)[112]发现在羊群效应的不同时期，股票价格波动情况有所差异，只有股市高涨时期的非理性会导致泡沫。黎超等(2018)[113]证实投资过程中带情绪的噪声投资者数量越多，资产价格中含有的非理性泡沫成分越高，这会导致价格的剧烈波动和泡沫的急剧膨胀甚至破裂，由此带来的风险系数则越高。

图3.5可以更加清晰地从心理学层面分析情绪对市场风险的影响机理。从内在心理层面探究情绪的具体成因，深入考察其与市场风险的关系，进而及时对风险进行预警管理。投资者情绪是市场面临的系统风险，具有不可分散性(刘维奇和闫汾娟，2014)[114]。冼学深(2013)[115]综合运用Logit模型和KLR方法，从回归的角度实证发现其对极端的市场危机有显著的预警作用。一方面，情绪作为系统性风险定价因子，理性部分对股价波动产生修正作用(Lee等，1991)[7]；另一方面，情绪的非理性程度产生盲目的羊群效应，股票价值会因此过度波动，容易发生更多的市场风险，也说明市场的定价效率不具有有效性(Gavriilidis等，2016；卞曰塘等，2017)[19][20]。

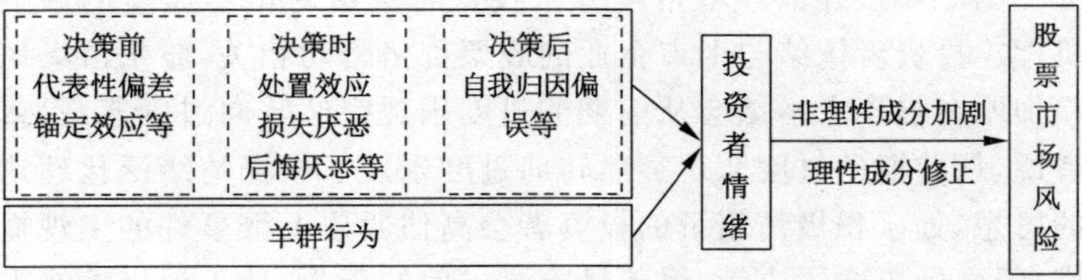

图3.5　心理学角度的影响机理

总之，从心理学角度来看，决策前、决策时、决策后三阶段的认知偏差以及羊群行为能够塑造投资者的情绪状态。其中，非理性的成分隐藏着许多安全隐患，从而加剧股票市场风险；而理性的成分又能发挥一定的修正作用。

3.3.2 从外部环境角度分析

一直以来，我国股市的异常波动情形屡见不鲜。投资者情绪受内部环境和外部环境的双重影响，对股票价格产生的经济结果也不尽相同。

从外部环境来看，经济政策和宏观市场环境与股市的发展密切相关。当市场长期处于低迷的状态时，消极的经济政策助推投资者情绪的低迷。经济条件不好的情况下，投资者更加不乐意投资，对市场往往失去信心，容易藏匿着许多潜在风险。并且，行业发展趋势也是情绪形成的重要考虑因素。投资者往往看中经济周期增长的行业，而对于没落的“夕阳”产业缺乏关注度。与此同时，公司的效益水平和公开披露程度对投资者所持有的有价证券价值关联密切。投资者很难相信被特别处理（即 ST）的上市公司，认为盈利能力差、成长性较差的公司更加容易产生退市风险。对于信息披露不全的公司，投资者抉择时也会更加谨慎，静观其变。相反地，投资者对市值高、盈利好并且信息披露及时准确的大型上市公司大多持信任态度，偏向于购买或长期持有其股票。

图 3.6 从外部环境角度分析投资者情绪对市场风险的影响机理。投资者情绪与上市企业的股票价格密切相关，股票市场风险加剧时投资者情绪会从前期的过度乐观突然转向过度悲观，或者说，从前期的过度悲观突然转向过度乐观。根据情绪泛化理论的思想，处于积极情绪下的投资者会高估股票上涨事件的主观概率，因而做出购买决策，属于风险寻求偏好行为；处于消极情绪下的投资者会高估股票下跌出现的可能性，因此不会采取购买行为，属于风险规避行为（Johnson 和 Tversky，1983）[116]。情绪明显会简化投资者的风险决策过程，投资者仅仅基于事件的主观感受进行判断（Schwarz 和 Clore，1983）[117]。根据情绪维持理论的思想，投资者会为了保持积极的情绪而调整风险决策，避免带来负面效益，表现出风险规避；或者消极情绪下，投资者为片面追求

正面效益而愿意承担更高风险，从而表现出风险偏好（Isen 和 Patrick，1983）[118]。两者看似矛盾，但适用于不同的风险决策环境。

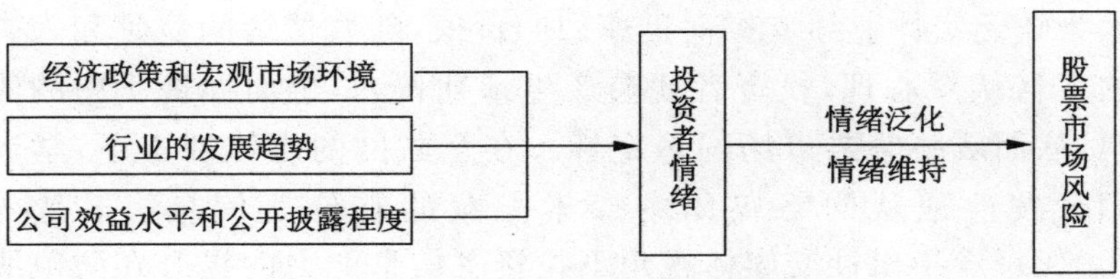

图 3.6　外部环境角度的影响机理

学者普遍认为投资者情绪与风险存在一定的联系。Peltomaki（2009）[119]显示市场对冲基金的时变市场风险是以投资者情绪为条件的，即当投资者情绪高涨时，多头仓位倾向于高 β 值和高市值的股票，市场风险增大。随后，Yu 和 Yuan（2011）[120]从情绪入手质疑传统金融学视角下风险与收益之间的严格正向性。Bethke 等（2017）[121]以美国债券市场为样本，发现糟糕的情绪是风险因素相关性和债券联动性强化的诱因。Xu 等（2017）[122]则以投资者情绪的三角模糊信息为基础，使用多元属性决策方法来详尽研究风险投资项目的风险评估问题。股价崩盘是股市危机的重要表现之一，刘圣尧等（2016）[123]发现投资者行为偏好能够显著影响股市崩盘系统性风险与预期收益率的正向关系。林川（2016）[124]以创业板企业为研究目标，结果发现市场情绪助长过度投资对股价下行风险的正向作用。李昊洋等（2017）[125]认为投资者对公司信息的反应、投资者情绪对股票价格的反应具有非对称性，容易造成股价泡沫，长期循环会导致风险的放大。赵汝为等（2019）[126]考虑“股价同步性”，指出投资者的情绪只对超大盘股的风险影响尤为明显。李梦雨和李志辉（2019）[127]发现市场的操纵行为往往借由投资者情绪影响崩盘风险的概率。

由于互联网飞速传播的特点，投资者发表的股吧言论、决策建议等金融文本内容会呈现放大效应。一旦投资者展现的网络媒体情绪越高涨，越能推动股价的非理性上涨，这种上涨势头会因为缺乏实体业绩支撑而迅速回归价值，随着情绪的蔓延和人类的盲目从众心理，投资者就会产生预期偏差，进而抛售手中的股票，从而威胁股票市场的稳定性。在互联网的媒体冲击下，学者们突破性地从网络媒体中探索隐藏的有价值信息。丁慧等(2018)[128]指出社交媒体视角下投资者信息能力的提升在防范股价崩盘风险中的作用显著。Zhu 等(2017)[129]、孙鲲鹏和肖星(2018)[99]立足于社交媒体的传播性，媒体信息不但能够通过快捷的发布速度或高昂的监督成本等渠道减轻信息不对称来降低股市崩盘概率，而且能够加大投资者情绪的传染(尤其是消极情绪)对未来大幅下跌风险的扩散作用。社交媒体情绪对股市风险的影响显然成为一个悬而未决的问题。

总之，从外部环境角度分析，宏观环境、行业和公司的状况也是投资者情绪形成的关键因素。通过情绪泛化和情绪维持的双重影响，风险决策行为会直接影响股市表现。结合前文国内外研究现状，缺乏股市风险预警的相关理论与实证探讨，而基于网络社交媒体视角下投资者情绪对股市风险预警研究则基本未见。因此，本书以股吧文本测度投资者情绪，从而探讨其对股票市场风险的预警能力。

3.4 本章小结

本章首先界定了社交媒体环境下投资者情绪的内涵，从心理偏差、个体偏好等内生性因素探讨个体投资者情绪的形成机理，并且基于互动仪式链理论，结合社交传媒互动性传播的特点与模式，分析微博、微信等社交媒体中投资者之间互动仪式的诸要素以及投资者情绪的形成机理。其次,通过网络媒介与传统媒介的对比分析,梳理了网络舆论传播的几大特点:网络舆论传播具有高效性和时效性、主体多样化、互动互联性、碎片化、两面性、娱乐性和戏谑性的倾向,传播难以控制,且具有羊群效应。再次,阐述了基于小世界网络投资者情绪的传播机制,由于投资者本人对其他投资者投资行为的模仿直接影响投资者对股票价格的预期,导致买卖方向和股票收益率产生波动,投资者情绪因此受到影响。最后,结合国内外研究现状,分别从心理学和外部环境两个层面分析投资者情绪对股票市场风险的影响机理,为后面实证分析奠定理论基础。

第4章 投资者情绪测评实现的技术框架

4.1 网络文本信息的爬取

网络爬虫（Web Crawler），通常也被形象地叫作网络蜘蛛（Web Spider）。网络爬虫是伴随着互联网的爆炸式发展而出现的一种技术，是一种按照编写者制定的规则获取网页信息，提取并保存相关网页数据的自动化程序。网络爬虫最主要的目的是为了从互联网网页中提取有价值的信息，满足网络爬虫编写者的商业或学术研究目的。网络爬虫在商业上最成功的应用是搜索引擎，谷歌、百度等搜索引擎公司均是基于网络爬虫技术的；而在学术上，网络爬虫主要用于爬取相关网页信息并分析舆情等。

网络爬虫的主要组成部分为网络页面采集和页面信息抽取。网络页面采集主要负责从互联网上下载所需的页面，而页面信息抽取则是从采集的网络页面上抽取所需的有价值的信息。随着互联网规模的迅速扩大，出现了各式各样的网络爬虫。但通常来说网络爬虫主要分为通用爬虫、聚焦爬虫、增量爬虫以及深网爬虫这 4 种（王帅等，2013）[130]。

（1）通用爬虫

通用爬虫主要指搜索引擎所使用的爬虫。通用爬虫的目的是为了尽可能地把网络上所有的信息都下载下来，存在公司自己的服务器上并且在排序后提供给搜索引擎的用户。通用爬虫从互联网收集采集信息以建立搜索引擎索引，其性能好坏取决于信息的数量以及信息采集更新是否及时。信息的数量即搜索引擎所覆盖的网页的数量；信息采集是否及时，即在网页信息发生变化后通用爬虫是否及时将最新的网页爬取下来，这两点直接决定了通用爬虫的性能以及搜索引擎的效果。通用爬虫的策略一般是从一个或者多个链接开始，依据爬虫设定好的爬取规则不停地从网页中爬取链接信息，同时把爬取的链接放入到等待的 URL 队列中，如此循环操作，爬取页面信息，然后继续获取其他的链接地址，在满足预先设置的停止条件后结束。通用爬虫使用这样的策略不停地从互联网中获取所需的网页信息，获取到的这些网页信息就是搜索引擎的索引支持。通用爬虫的工作流程如图 4.1 所示。

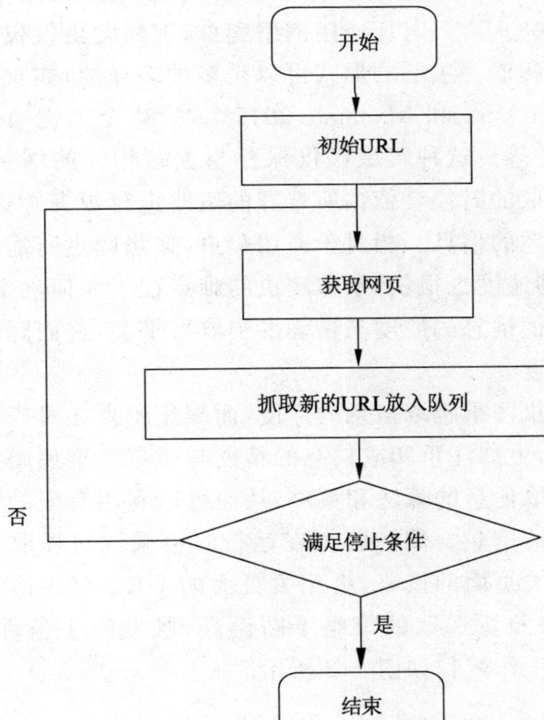

图 4.1　通用爬虫运行流程图

世界上目前最大的通用爬虫是谷歌使用的 Google Crawler (Brin 和 Page,2012)[131]。该爬虫的目的是尽可能地下载互联网上的信息并在搜索引擎中提供给用户。伴随着互联网指数级的增长,通用网络爬虫也出现了一些亟待解决的问题,主要是有限的硬件资源与无限的网络资源之间的矛盾(周立柱和林玲,2005)[132]。对此谷歌也做出了相应的调整来应对此问题:一方面采用分布式存储系统如 BigTable 保存爬取到的数据;另一方面使用 MapReduce 的并行方式存储网页。

(2) 聚焦爬虫

因为通用爬虫采集的数据没有针对性,聚焦爬虫应运而生(周建梁,2008)[133]。对比通用网络爬虫,聚焦爬虫仅仅针对特定的主题进行爬取。主题的形式可以是多种多样的,如页面包含的某关键字段(Agre 和 Mahajan,2015)[134]、某个关键事件(Farag 等,2018)[135]等。这种爬虫仅仅保存与主题相关的网页信息,在进行网页爬取的时候会依据所选择的策略进行数据筛选,做到仅爬取所需主题的信息。相对于通用爬虫,聚焦爬虫所需的资源相对较少,存储速度也很快,聚焦爬虫的难点在于如何确定主题,如何在所需页面信息的广度与精确度中取得平衡,进而降低后续数据分析的难度。

通用爬虫注重爬取信息的广度,而聚焦爬虫在对广度有适度追求的同时,更加注重爬取信息的精度与质量。聚焦爬虫的研究重点在于爬取信息的算法和策略,从而可以利用有限的资源高效地爬取所需的信息。聚焦爬虫在运行时会采取只提取与预先选定的主题相关页面的策略,将相关页面的 URL 存入待爬取页面的队列中,按照所选取的策略不断循环,触发停止条件后结束。聚焦爬虫的工作流程如图 4.2 所示。

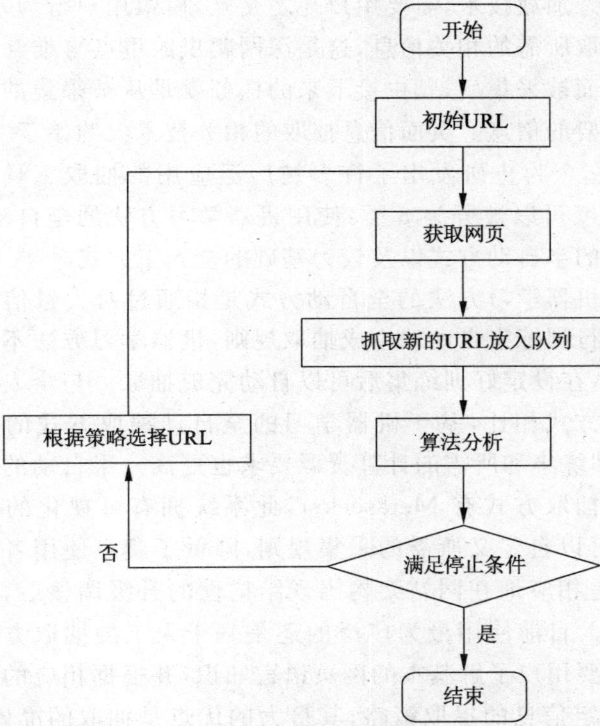

图 4.2　聚焦爬虫运行流程图

（3）增量爬虫和深网爬虫

在被广泛使用的通用爬虫和聚焦爬虫之外，还有增量爬虫和深网爬虫这两种。增量爬虫，顾名思义是一种只采集更新或者新增网页的爬虫，一般被用于需要长时间跟进的数据采集系统。增量爬虫会根据所要采集页面的变化规律，周期性地从目标页面爬取最新的数据，有时会根据爬虫编写者的需要保存历史页面，与最新的数据作对比。而深网爬虫主要用于对深层网页的信息搜集。互联网经过不断发展，深层网络中包含了大量可以被利用的信息，深网爬虫就是为应对这类需求而生，深层网络的页面通常都使用动态加载技术，需要用户与之交互，模拟用户行为，以便从深网中爬取所需的相关信息，这是深网爬虫的重点与难点。

在页面被采集后，爬虫接下来的任务就是从被采集的页面中抽取所需要的信息。页面信息抽取的相关技术大约始于20世纪90年代，迄今为止研发出了许多被广泛应用的抽取工具。按自动化的程度可以被分为3类：使用机器学习方法的全自动方式、人机交互的半自动方式以及较为基础的全人工方式。

使用机器学习方法的全自动方式是指通过对大量信息的文本特征进行训练来自动地生成抽取规则，机器学习方法不需要人工的干预，在设定好训练集后可以自动完成抽取。与全人工方式和半自动方式相比，基于机器学习的全自动抽取方式的精度较高，且对训练集和所需的计算资源要求也更高。半自动的基于人机交互的抽取方式有 Metaseeker，此系统拥有可视化的图形界面，用户可以自定义所需的采集规则，降低了爬虫使用者的学习成本，但是相应地在网站架构出现结构性的升级调整后，原有配置会失效。目前使用最为广泛的还是基于人工的抽取方式。这种方式需要用户了解基本的网页语言知识，并根据相应的网页结构自行制定信息的提取策略，其最大的优点是抽取的准确性高，缺点是需要消耗大量的人力资源，同时和半自动方式一样，在目标网页发生结构性变化时，需要重新编写相应的采集规则。

结合我国沪深两市的历史进程可以发现，上海证券市场在我国资本市场占据着主导地位，上证指数也一直被用来反映整个上海证券市场股价变动的总趋势及涨跌程度。因此本书将以沪市为样本，采集东方财富网上证指数吧的文本作为衡量股吧文本情绪的主要信息来源。

在对上证指数吧的网页结构进行深入的研究后，本书将使用 Python 语言来编写爬虫程序。Python 语言中包含了大量与爬虫有关的库，如网页采集的 Scrapy、request 等以及信息提取的 BeautifulSoup 等。本研究将使用 request 采集相应页面，使用

BeautifulSoup 提取相关页面上所需的信息。

4.2　文本预处理

4.2.1　文本数据清洗

在数据挖掘的过程中，获取原始数据之后的数据清洗是一个必不可少的环节。期望直接使用通过爬虫所采集到的数据是不可能的。人为的错误或者文本获取过程中的漏洞都可能导致数据出现问题，因此数据清洗是文本预处理中非常重要的一个环节。

在爬虫采集到的数据中有大量的繁体文字、表情符号、图片以及网页结构信息，还会包括一些因为漏洞导致的重复数据，因此对爬虫采集到的数据进行有针对性的清洗是很有必要的：① 根据 Wikipidia 中简体中文字典将原始文本清洗为简体形式的无标签文本；② 将表情符号与符号相对应的文本进行匹配，将无法匹配出文本的表情符号删除；③ 将某些文本中包含的网络结构字段删去，如“https”“@”等。文本信息中还包含着大量与股票无关的信息，如某些帖子讨论的主题是社会事件或者娱乐事件，这些无关信息会严重影响后续投资者情绪的度量结果。为了处理此类标题文本信息，本研究借助 Python 中 Numpy 与 Pandas 数据科学库进行初步处理，同时使用 Excel 中“查找替换”“筛选排序”“去除重复值”等功能手动清洗爬虫采集到的数据，并进行人工审查。清洗后的股吧文本数据以 csv 格式存储，供后续情绪分析使用。

4.2.2　文本分词

基于既有的情感词典，对标题文本采用中文分词和词性标注，这是文本预处理的第二个重要环节。中文分词指的是将一段连续的中文文本按照规则切割成为单独的词序列的过程。在英文等字母文字中不太需要做单独的分词工作，因为两个相邻的单词有空格作为自然的分隔符，在中文文本中句子与句子之间有标点符号作为分界方式，但是在单个的句子中词与词之间没有形式上的分隔符，虽然英文中也有需要做短语划分的情况，但是在分词这一层面上，中文的分词要复杂得多。

虽然国内学界对中文的自动分词已经研究了几十年，相关专家也推出了一些比较成熟的技术，但是鉴于中文文本的独特性，依然存在三大难题：首先是分词的规范问题；其次是分词的切分歧义问题；最后是新词的识别问题。

首先，中文分词存在分词规范问题。相比于英文中词的易识别性，汉语中词的概念是一个复杂又纠缠不清的概念，分词规范的制定需要首先明确词的定义，但到目前为止仍然没有被广泛认可的、权威的定义。其主要困难一方面在于词与词之间的界限如何确定，另一方面在于单字词和语素之间的边界很难划分。再加上语言学家和普通群众之间对"词"的认识差异较大，而这一认知差异势必造成自动分词的规范问题。

其次，中文分词存在切分歧义问题。在正常的中文文本中，每一个句子都是用连续的字符串书写的。这种情况可能会造成同一个句子因为断句不同而产生歧义，因此中文自动分词不是简单地从输入的字符串中发现词的过程。通常在一个句子中会出现若干种不同的词序列，这样的特性造成了在中文分词中所具有的一个独特问题，即如何在多种不同的词序列中选择出正确符合表达者意思的结果。切分歧义问题在中文自动分词中是一个难以回避的棘手问题。中文自动分词系统中对存在切分歧义字段的处理能力严重影响着分词的精确度。在实际应用中，分词系统可以利用多方面的信息，如上下文、语法语义信息来部分解决切分歧义问题。

最后，中文分词存在识别问题。在进入网络时代之后，每年都会产生大量的新词，这些词大多数生存周期较短，仅仅是短时间的文化现象，并没有被收录到现代汉语词典等官方字典中，但在网络文本的自动分词中却是不可避免的问题。此类词未被收录在分词词典中，但大家又公认其是词语。此类词种类繁多、形态各异并且数量较大，因此对这类词的自动识别是一件十分困难的事情。针对这个问题，解决办法是建立不断更新的未登录词词典，对不同时间段的文本使用不同的分词词典，以期提高对新词的识别精度。

经过国内外专家数十年的努力，目前被提出且被成功应用的中文自动分词方法主要可以分为以下 4 种：基于规则的分词方法，基于统计的分词方法，基于传统机器学习的分词方法以及较新的基于深度学习的方法。

(1) 基于规则的自动分词法

基于规则的自动分词方法是所有分词方法中最常见也是最传统的一种分词方法，往往也被称为“机械分词方法”或者“词典匹配法”。这种分词方法的基本思路是按照选定的策略从输入的中文字符串与一个规模足够大的词典中的词条进行匹配，如果能在自定义的词典中发现某个词，则识别出词语。按照不同的匹配策略可以被分为最大匹配法与最小匹配法。但是由于汉语中存在着大量的单字成词的现象，最小匹配法很少被使用。为了解决切分歧义的问题，马玉春和宋瀚涛(2004)[136]在最大匹配法的基础上考虑了上下文的语义和语言习惯，利用二分法进行分词，有效地解决了切分歧义问题。

基于规则的自动分词方法虽然做到了简单易懂，不依赖于精确的训练集，也可以做到与分词后的应用紧密结合，但是这一方法的缺陷在于极度依赖质量较高的词典，当词典不完整或者待分词文本中出现了大量的词典中不包含的新词，那么自动分词的效率与准确性就会大大降低，因此该方法很难适用于大规模网络文本的分词处理。

（2）基于统计的分词法

由于语言的复杂性，有时人类对同一句话的理解也存在着很大的分歧，因此要把语言中所有的规则都提炼出来而且要被计算机准确理解是件非常困难的事情，因此在基于规则的分词方法之外，研究人员开始研究基于统计学的自动分词方法。这种分词方法的主要思路是根据每个字之间相邻的紧密程度来分词，如果两个相邻的字在不同的文本中出现的频率越高，则表明这两个相连的字可能是一个词。因此可以通过在不同文本中字与字相邻的概率来衡量成词的可靠程度，通过统计文本中各个字相邻出现的频度，设定一个合理的阈值，当组合频度大于设定的阈值时便可以认为该组合是一个词语。

目前常用的基于统计的分词模型主要有最大熵模型（ME）和N元文法模型（N-gram）两种。杜丽萍等（2016）[137]采用了非监督新词的识别方法，有效提高了分词系统对网页信息文本的处理效果。吴应良等（2001）[138]以N-gram模型为基础，结合Viterbi算法来改进中文文本的分词，提高了分词的准确率。

与基于规则的分词方法相比，此类方法效果更好。如果有大量的训练文本，会更加容易提炼出语言学规律，具有更高的准确性和鲁棒性。但该方法同时也存在着相当大的局限性，即当训练用的文本覆盖面较小而导致训练出的结果不具有泛用性，进而造成分词的精度存在较大的问题。

（3）基于机器学习分词法

基于机器学习的分词方法是将中文文本分词当作一个序列标注任务来完成的，序列标注任务经过长期的研究已经有了成熟的模型，常用于中文分词的模型主要有隐马尔科夫模型（于江德等，2007）[139]、最大熵马尔科夫模型以及条件随机场模型。这些模型的应用取得了不错的结果，然而这些较为传统的机器学习算法非常依赖人工设定的特征，而这些特征的有效性需要海量的数据来验证，因此会产生巨大的工作量。

(4) 基于深度学习分词法

深度学习是机器学习中的一种,这种方法可以使用无监督或者半监督式的训练方法来替代手工提取特征,从而大量地减少工作量并大幅提高分词效率。目前深度学习在中文分词中的应用研究才刚刚开始,在深度学习应用于英文自然语言处理的基础上,研究出适合于中文分词的深度神经网络模型,以及适用于词模型的训练方法。这种模型不需要认可手工特征设计或者语言学知识,可以被用于中文文本分词以及后续处理。Zheng 等(2013)[140]把深度神经网络模型应用于中文文本分词中,取得了不错的效果。

目前中文分词有多种成熟的分词工具可供选择,其中基于 Python 编程语言的 jieba 分词库因其泛用性以及优秀的分词效果而获得了最多的受众。同时 jieba 分词库支持自定义词典,也提供词性标注功能,因此本研究选择 jieba 中文分词库作为文本分词工具。

本研究遵循如下分词步骤:首先,在 jieba 默认的分词库中自行增加事先准备好的自定义金融文本情感词典,同时为自定义词典的新词设定权重,以此来保证更高的准确性;其次,选择精确模式处理文本分词;再次,过滤出上述文本中的停用词和名词;最后,利用 jieba 分词库进行处理,获得文本的分词结果和词性标注结果。

4.2.3　文本特征提取

特征是判别每个事件的标志,事件特征是区分和描述不同事件的主要要素。所谓的文本特征提取,就是为了从复杂的、结构化的网络评论文本中提炼出评论撰写者所关注的属性词,而这些属性词一般情况下是由名词以及名词短语所组成。同一个名词可以有多个属性,一般来说股吧中与股票市场有关的评论会具有多种不同的属性,例如:亏损、调整、利润、业绩等。

评论者会根据自身所关注的不同上市公司的属性发表各种不同的看法。

具体来说,产品特征可以被分为两类:在文本中出现的可以作为产品特征的短语或者词汇被称为显性特征;没有在句子中进行直接的特征表述,而需要对句子进行理解后才能得到的特征被称作隐性特征。因为提取文本的隐性特征需要对句子语义的完全理解,而目前的自然语言处理在这一领域的相关技术尚未成熟,目前文本中的产品特征挖掘往往也只考虑显性特征,因此,在本研究中对股吧评论文本中也将只提取上市公司的显性特征,并评判评论者对不同的显性属性的情感倾向。

目前的文本特征提取技术可以大致被分为两大类,分别是基于人工定义的方法和基于机器学习的自动提取法。

(1) 基于人工定义提取法

基于人工定义的方法也是目前最为流行的方法,可以简单归纳为以下几种:① 应用文本特征表示,并建立特征挖掘模型,与文本关键词提取的方法类似;② 构建概念模型,根据网络评论文本中的语言与建立模型进行匹配;③ 建立领域知识模型,这种方法需要相关领域人士的参与,从一些研究中抽象提炼出相关属性;④ 建立本体模型,此模型的相关研究与概念模型比较接近,主要是构建一个涉及产品相关概念与其关系的本体,目前在这一研究领域应用较为广泛的英文词网(WordNet)就是一个通用的语言本体。Zhuang L 等(2006)[141]、姚天昉等(2006)[142]分别对电影、汽车领域的大量产品属性或专有名词进行了特征提取,取得了不错的效果。

一般情况下,基于人工定义的特征提取方法在每一个不同的领域都需要相关专家的深度参与,相关专家资源投入的多少直接决定了特征提取结果的效果,与基于机器学习的自动提取方法相比,人工定义的方法在性能与准确性上要更胜一筹,但是其大量依赖人工的特性导致了前期准备的工作量极大。与此同时,不同领域的文本特征往往差异极大，如“质量”一词在日常生活中往往代表物品的品质，而在物理学中则被用来度量物体惯性大小和引力作用强弱等。因此此类方法的移植性较弱，对不同领域往往需要构建不同的模型，从而导致所提取相关产品特征的稳健性较弱。

(2) 基于机器学习的自动提取法

与基于人工定义的特征提取方法相对应的是基于机器学习的自动提取方法，此类方法主要利用成熟的机器学习算法进行词性标注、句法分析以及文本模式等使用自然语言处理相关技术对网络评论信息进行文本挖掘，自动发现其文本特征。与经过相关专家花费大量精力调试的人工定义方法相比，这种方法的性能稍差，但是工作量较小、可操作性较强，同时自动提取模式适合于差异化的领域，移植性明显优于基于人工定义的特征提取方法。针对金融领域股吧评论信息的多样性与复杂性，本研究将选择自动提取模式来完成相关文本特征提取。

自动化特征提取方式的常见算法模型有词集模型、词袋模型、词袋模型加 IDF。词集模型主要是判定待处理词汇在整个文本中是否存在；而词袋模型被用来计算待处理内容在整个文本中出现的数量；应用最广泛的是词袋模型加 IDF，此类模型中最典型的代表是 TF-IDF（Term Frequency-Inverse Document Frequency，词频-逆文档频率）。TF-IDF 实际上是一种统计方法，用来评估一个字或者词对于一个训练文档或者语料库中一份文件的重要程度。TF-IDF 理论的主要思路是当某一个字或者词在一个训练文档中出现的绝对次数越多，那么这个字或者词在这份文档中就越关键，也就是说字或者词的重要性与在文档中出现的次数成正比例关系。相反地，如果一个字或者词在所选择的语料库中出现的次数同样很多，那么其重要性就会下降，即字词的重要性与在语料库中出现的频率成反比。综合来说，当某一个字或者词在选定的语料文本中出现的频率较高，同时在语料库中的其他文本中出现的频率较低,那么这个字或者词对于该文本与其他语料进行区分的效果较好,适合被用作类别区分。TF-IDF 代表 TF 和 IDF 的乘积。TF 代表字或者词出现的次数,表示字词在选定文本中出现的数目或者频率。IDF 即逆向文档频率,与包含指定词条的文本数目成反比,可以衡量各个词语的重要性,IDF 越大的字或词就越能与其他的字词区分开来。为了减少错误率,本研究将采用 TF-IDF 技术来进行特征提取。

4.3 文本情感识别

基于金融文本情感词典进行情感分类时,需要依据不同的文本数据类型赋予不同的权重。为了确保文本分类的可行性和避免过度的主观性,对词语赋予权重时需要基于如下几点假设:① 情感值具有线性可加性,方便统计具体的情感倾向值;② 积极、消极情感值权重的绝对值相同,这只是理想性假设,对于精准的分类不成立,比如“激增”比“上涨”的情感程度要强得多;③ 处理否定词时,只是进行简单的取反操作,而实际上否定词之间的权重不尽相同,比如“禁止”比“不要”程度更深;④ 程度词的程度等级被分类为极其、超、很、较、稍及欠这六大类,这样的分类具有一定的主观性。⑤ 感叹号和疑问号的数量与代表的情感权重值呈线性相关性。如果单个“!”的权重值为 2,那么出现 n 个“!”的权值就为 $2n$,这是因为网络用户习惯性地通过输入多个情感符号来增强情感。本研究情感分类的流程图参见图 4.3。

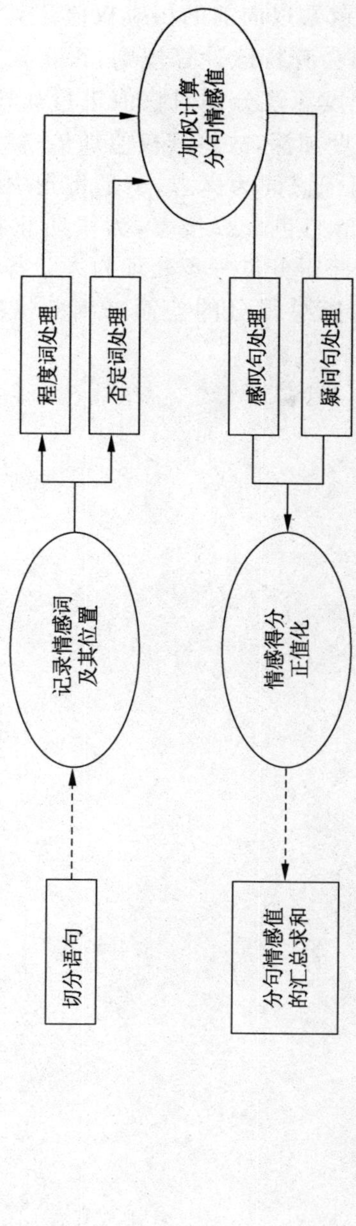

图 4.3　基于词典的文本情感分类的流程图

图 4.4 中,首先设定各个积极情感词语的权重为 1,而消极词语的权重设定为－1。然后结合上下文语境,判断前后词语或者前一词语的数据类型,就乘以向前的相应权值。其中,否定词、程度词、感叹句和疑问句会有特殊计算规则:否定词让权值取相反数;程度副词则根据程度深浅分别对权值进行加权;感叹句以感叹号为标志,使情感程度加深,故将其权值加倍;疑问句被用来加强语气,以问号和反问标识词为标志,于是将句中情感词的权值直接乘以－2,以反转情感色彩。接着,为了防止情感得分为负数,将积极和消极的情感得分进一步处理为大于等于 0 的数。最后,根据积极与消极情感总得分的差额来判断情感强度大小和极性。

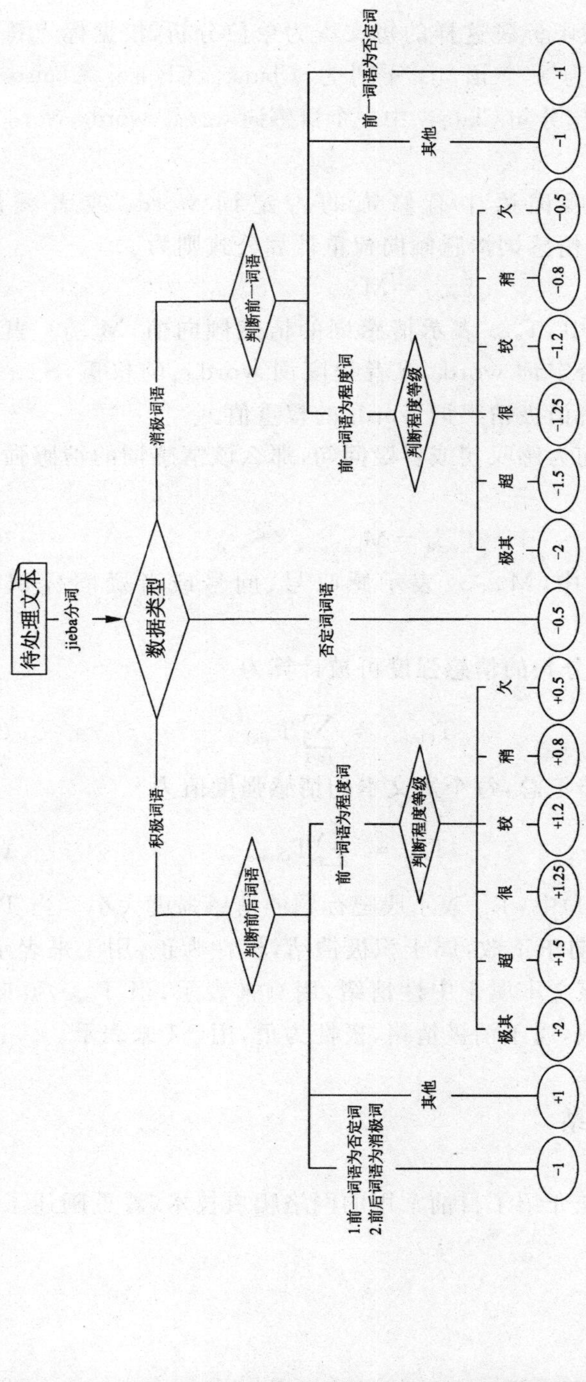

图 4.4 文本情感分类算法

倘若以股吧标题这样的短文本为单位分析，根据标点符号将短文本切分为 n 个语句，分别为：$Clause_1$，$Clause_2$，$Clause_3$，…，$Clause_n$，遍历出分句 $Clause_i$ 中 k 个情感词 $word_1$，$word_2$，$word_3$，…，$word_k$。

一旦前后词语中有修饰的否定词 $word_{no}$ 或者程度词 $word_{plus}$，这个情感词情感倾向权重计算公式则为

$$T_{word_j} = M_{word_{no/plus}} \times S_{word_j} \tag{4.1}$$

式(4.1)中，T_{word_j} 表示情感词的情感倾向值，$M_{word_{no/plus}}$ 表示修饰情感词的否定词 $word_{no}$ 或者程度词 $word_{plus}$ 的权重，S_{word_j} 表示某个积极或者消极情感词 $word_j$ 的权重值。

如果分句为感叹句或者疑问句，那么该情感词的情感强度计算公式为

$$T_{word_j} = M_{excl/ques} \times S_{word_j} \tag{4.2}$$

式(4.2)中，$M_{excl/ques}$ 表示感叹号、问号或者疑问标识词的权重。

由此，该分句的情感强度可被计算为

$$T_{Clause_i} = \sum_{j=1}^{k} T_{word_j} \tag{4.3}$$

更进一步汇总，每个短文本的情感强度值为

$$T_{text} = \sum_{i=1}^{n} T_{Clause_i} \tag{4.4}$$

公式(4.4)中，T_{text}表示股吧标题的情感强度大小。当 $T_{text} > 0$ 时，情感倾向于正数，属于积极情绪，极性为正，用 1 来表示；当 $T_{text} = 0$ 时，该文本属于中性情绪，用 0 来表示；当 $T_{text} < 0$ 时，情感倾向于负数，属于消极情绪，极性为负，用 −1 来表示。

4.4 本章小结

本章首先介绍了目前常用的网络爬虫技术，着重阐述了通用

爬虫和聚焦爬虫的逻辑与应用场景；然后介绍了文本挖掘的实现方法，包括文本预处理、文本清洗技术、文本分词技术和文本特征提取技术，介绍了目前主流的文本分词方法，并选择 jieba 分词库作为分词工具，利用 TF-IDF 技术来做特征提取；最后介绍了网络文本情感识别的分类流程和分类算法。

第5章 基于网络文本挖掘的投资者情绪测度

5.1 网络社交媒体的选择及金融文本信息爬取

5.1.1 网络社交媒体的选择

中小投资者往往借助手机端、PC端上不同的网络社交媒体进行投资互动并传播交易信息，由此逐步形成两类金融文本信息源。其中，一类是股吧论坛中用户发布的帖子和用户间的互动帖；另一类是财经类门户网站公布的各种新闻、企业告示及分析师或专家博客等内容。由于股吧论坛的审核制度宽松，发布成本较低，进入门槛也较低，中小投资者能够更快捷、更简易地抒发自己的观点和表露自己的情感倾向。因此，为了充分反映普通线上情绪变化情况，本研究仅针对第一类文本信息源展开研究，着力从网络舆情的视角衡量投资者情绪。

本研究分别从百度权重、PR(Page Rank)值、Alexa排名、反向链接、网站总排名和网页数据量等指标对财经类的网站进行对比分析，详见表5.1。其中，东方财富网在国内主要财经网站中的排名居前，同时网页数据量较丰富且主要分布在股吧频道。与此同时，考虑到网站抓取信息的可获得性和精确性，东方财富网对网页信息的反爬虫机制设置较宽松，则数据爬取过程更便捷。此外，东方财富网股吧作为中国最大的股票论坛，具有很强的代表性。东方财富网股吧全方位地提供热门主题吧、热门个股吧、新股吧和股吧热门话题等板块，集聚了海量金融文本信息。由此,本书将以东方财富网的股吧文本作为研究的信息源。

表 5.1　国内主要财经网站的对比分析

财经网站	百度权重	PR 值	Alexa 排名	反向链接	网站 总排名	网页 数据量
东方财富网	9	7	4 636	48 592	33	393 985
新浪财经	8	7	19	15 283	44	314 497
凤凰网财经	8	7	1 218	5 222	74	461 235
网易财经	8	7	480	5 325	84	332 806
腾讯网财经	7	7	9	5 446	98	532 060
和讯网	8	7	1 686	55 515	2 100	127 372
中国经济网	8	8	15 770	15 495	176	111 102
财经网	7	7	228	2 287	361	134 819
金融界网	7	7	458	13 769	275	209 661
雪球网	7	6	5 900	437	81	6 725
证券之星	7	6	573	28 342	349	207 008
同花顺	8	6	6 117	8 601	129	334 364

5.1.2　金融文本信息爬取

目前,网页信息的爬取主要依靠专业爬虫软件和自主编程两种方式来实现。国内专业的爬虫软件有八爪鱼采集器、火车头采集器、GooSeeker 网络爬虫工具等。此类软件虽然具有很强的通用性,采集速度快,同时提供了全面的学习教程,但是只能依靠积分或充值途径才能下载数据,采集成本相对较高,明显会增加学术经费压力。据 2019 年 2 月公布的编程语言流行指数排行榜单,Python 超越 Java 正式成为世界第一编程语言。它作为目前主流的开源编程语言之一，其优美规范的代码风格、丰富的库、强大的可扩展性和可移植性受到广大程序开发者的钟爱。它还被广泛应用于统计分析、数据挖掘以及绘图，是一款强大的数据统计分析、数据可视化工具。由此，本研究研究结合 Python 3.6 和 Pycharm 环境自主编程来爬取网页信息，涉及 requests 基准库和 Xpath 解析库。

结合我国沪深股市的发展状况发现，上海股票市场在我国资本市场的主导地位不容小觑。因为沪指样本股具有普遍性，上证指数一直被用来反映整个上海股票市场股价变动的总趋势及涨跌程度。上证、深证及恒生综合指数具有很强的动态相关性，沪、深、港三地股市风险也具有传染性，这已被姚尧之和刘志峰(2017)[143]证实。于是，本研究仅以沪市作代表，将东方财富网上证指数主题吧的文本作为衡量股吧文本情绪的重要信息来源。

经过分析上证指数吧的网页结构，本研究采用 scrapy 分布式爬虫框架抓取数据，能够更加高效、准确地保证海量数据的完整性。该网站设置一个 IP、一个 Cookie 每日固定的访问频次等反爬虫机制，于是在爬取数据的过程中进而构建了 IP 代理池和 Cookie 池的反爬措施，以应对爬虫受限的问题。由于股吧网页发布根据发帖最后更新时间排序，于是研究的时间轴也以此作为参照。本研究以每条上证指数吧标题帖为爬取对象，共采集 413 天上证指数吧的 554 186 条主题帖，时间段为 2017 年 3 月 17 日 10 时 11 分至 2018 年 5 月 3 日 18 时 42 分。由于受限于网页空间布局，著者追踪采集股吧信息，采集频率为每 3 个月一次。最终，爬取的内容如表 5.2 所示，涵盖帖子标题、发帖者、阅读数、评论数、转发数、发表时间、最后更新时间。与此同时，本研究将爬取的文本信息以 csv 的格式存储，以供后续观测与分析。

表 5.2　网页信息的爬取内容

爬取内容	内容说明
帖子标题	由于帖子标题能够概括帖子正文的内容和主旨，同时在网络爬虫时设置循环翻页等程序耗时久且操作繁杂，本研究则仅抓取帖子的标题文本。
发帖者	指发布帖子的作者，可以是个人用户，可以是专业博主，也可以是财经类评论机构。
阅读数	即浏览数，当用户浏览完某条帖子，阅读数增加一次，进而表明该帖子的关注度有所增加。
评论数	评论数是衡量帖子互动程度的重要指标，一般情况下评论数越多，用户们对该帖子的互动面越广。
转发数	当某条帖子引起读者强烈的认同或否定感，用户们会借助转发的方式抒发自我的情感，由此塑造出投资者情绪。
发表时间	发帖者将标题帖发出的时间，可以精确到分，能够充分体现帖子的时效性。
最后更新时间	指某条帖子最后的访客评论帖子的时间，可以反映该帖子发布的持续性时间跨度。

5.2　金融文本挖掘的实现

5.2.1　情感分析方法的选定

情感分析是指依靠计算机技术自动对文本中包含的情感倾向、情感极性进行分类，并进一步判断文本撰写者对被表述对象持有的观点，可以为积极乐观的，也可以是消极反感的。主流方法可分为两大类：一类是基于词典，主要思想是简单基于一个定义良好的情感词典，将文本分词后赋予不同权重，再对各个词的情感分值进行分数计算；另一类是基于机器学习，通过无监督学习，从海量语料中自动提取信息来构建情感分析模型，虽然不需要事先构建字典，但需要准备一个经过人工标注的、全面的语料库作为训练数据。后者需要耗费大量的时间和人力进行人工标注，而前者重点在于确定一个合适的情感词典。在金融领域还没有权威的囊括金融术语的专用字典，从这一角度来看，本研究更具有学术价值。由此，考虑到金融文本数据的特殊性，本研究基于基础的情感词典自定义一个金融文本情感词典，以此来衡量金融文本情感并进行相应情感分析。

基于情感词典的金融文本挖掘过程如图 5.1 所示。股吧文本信息的文本挖掘过程大致经过下面几个步骤：首先，金融文本进行去重清洗后，借助分词器进行文本分词和词性标注，并利用 TF-IDF 这一特征提取方法剔除与股市信息不相关的文本；然后，要将词性标注后的各个词语与已构建好的金融文本情感词典进行匹配；其次，判断该词语所属的数据类型，究竟是情感词、程度词，还是否定词；接着，在相应的词典中找到各个词语的相应分值，再根据数据类型赋予相应的权重值；最终，根据文本分类算法汇总各个文本中各词语的得分并根据得分，大小及正负号判断文本的情感极性和强度。

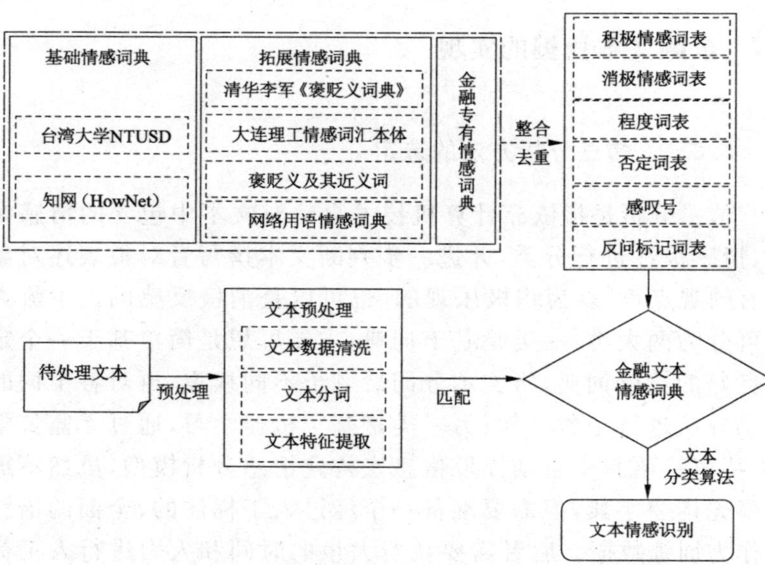

图 5.1　基于情感词典的金融文本挖掘过程

5.2.2　文本预处理

(1) 文本数据清洗

首先,文本的预处理需要实现数据清洗及文本去噪的过程。由于数据采集时保留了大量的网页结构和繁体文字,率先根据 Wikipedia 中简体中文字典将原始文本数据清洗为简体形式的无标签文本。采集到的文本信息量较大,往往掺杂各类表情符号,同时可能含有大量炒作帖、重复帖和广告帖等。同时,文本信息中可能含有大量与股票交易无关的信息,这些会严重影响后续投资者情绪的测度结果,进而可能降低最终预警模型的预警精度。为了处理此类标题文本信息,本研究借助 Python 中 Numpy 数据科学库进行初次去重,还利用 Excel 的"去除重复值""查找替换""筛选排序"等功能手工清洗采集的数据,同时人工进行后续审查。清洗过后的股吧文本数据同样以 csv 格式存储,供后续情绪分析使用。

(2) 文本分词

基于既有的情感词典,接着对标题文本采用中文分词和词性标注,这是文本预处理的重要环节。中文分词是指根据语法、语义和语用将一句话或者一段话分成一个个独立的有意义的词汇。一般而言,分词的具体操作为:首先,将文本研究档导入到程序;其次,程序根据中文状态下的标点符号进行断句;接着,程序基于常用词典进行字符串的匹配或者基于统计分析法识别出新词,从而完成分词过程。

文本分词关键在于分词工具的选择。因为不同的分词工具采用的分词算法并非一致,这会直接导致分词效果差别化。Github 作为全球程序员发布开源项目的重要代码仓库,也聚集了许多文本分词工具,其 star 值可以被用来反映程序的受众度。图 5.2 展示了目前常见中文分词工具的受众度对比图,其中 jieba 分词库遥遥领先。观察表 5.3,比较如下 8 种分词工具对同个示例的分词效果，jieba 分词的分词效果不亚于其他分词工具，也提供词性标注功能。于是，最终选择 Python 中的 jieba 中文分词库作为文本分词工具。它囊括了中文分词、词性标注、命名实体识别、新词识别、支持用户自定义词典等功能，被广泛地应用于中文词法分析。

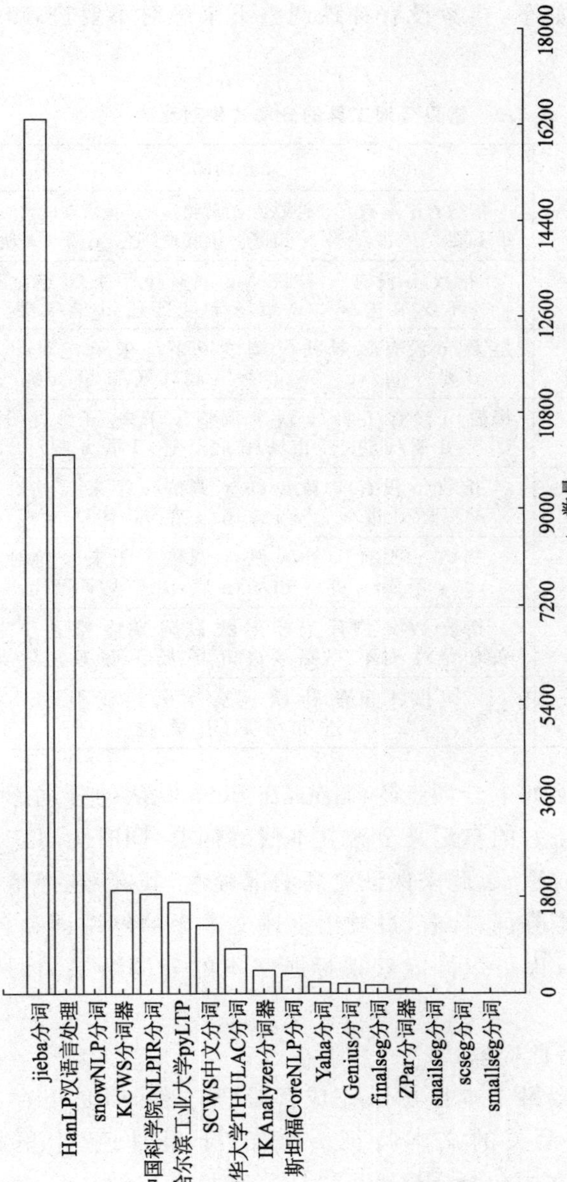

图5.2　常见中文分词工具的受众度对比图

具体示例如下:指数没有补跌调整下来绝对不要进,市场底还早呢。

表 5.3 常见分词工具的分词效果对比表

分词工具	中文分词结果
jieba 分词	指数/ n 没有/ v 补跌/ v 调整/ vn 下来/ t 绝对/ d 不要/ df 进/ v / x 市场/ n 底/ f 还/ d 早/ a 呢/ y
snowNLP 分词	指数/n 没有/v 补跌/Mg 调整/v 下来/v 绝对/ d 不要/d 进/v ,/w 市场/n 底/f 还/d 早/a 呢/y
清华大学 THULAC 分词	指数/n 没有/d 补跌/v 调整/v 下/f 来/v 绝对/d 不/ d 要/v 进/vd ,/w 市场/n 底/f 还/d 早/a 呢/y
中国科学院 NLPIR 分词	指数/n 没有/d 补/v 跌/v 调整/v 下来/vf 绝对/d 不/ d 要/v 进/vf 市场/n 底/f 还/d 早/a 呢/y
哈尔滨工业大学 LTP 分词	指数/n 没有/d 补/v 跌/v 调整/v 下来/v 绝对/ d 不要/d 进/v ,/wp 市场/n 底/nd 还早/v 呢/u
搜狗分词	指数/n 没有/v 补/v 跌/v 调整/v 下来/v 绝对/ a 不要/v 进/v 市场/n 底/n 还早/v 呢/u
smallseg 分词	指数 数没 没有 有补 补跌 跌调 调整 整下 下来 来绝 绝对 对不 不要 要进 市场 场底 底还 还早 早呢
finalseg 分词	指数 没有 补 跌 调整 下来 绝对 不要 进 市场 底 还 早 呢

本研究遵循如下分词步骤:首先,在 jieba 默认的分词库中自行添加事先准备好的自定义金融文本情感词典,同时为自定义词典的新词增加权重,以此来保证更高的准确性;其次,选择精确模式对待处理文本分词;接着,过滤出上述文本中的停用词和名词;最终,利用 jieba 库可以同时获得标题文本的分词结果和词性标注结果。

(3) 文本特征提取

爆炸式的金融文本虽然已完成预处理过程,但是仍存在大量与股票市场无关的文本特征。例如“十里月色 十里桃花～”,这样的文本中包括了“十里”“月色”“桃花”等特征,却与上市公司盈利、利润、成本、费用等毫不相干，计算机领域的特征提取技术正好能解决此类问题。由此，借助特征工程方法提取出股吧文本信息中与股市行情或者上市公司的财务状况等相关的特征。

文本分词和词性标注完成后，要将文本特征数据转换成更加适合算法模型和后续情感分析的数值型数据，即需要利用转换工具完成文本特征向量化的过程。简而言之，就是将一长串文本分词后的内容通过不同的特征提取方法转换成词向量。对于特征提取技术，目前人工定义模式在性能上强于自动提取模式，但是其需要某领域大量专家的介入，人力和工作量较大，同时自动提取模式适合于差异化的领域，移植性显然优于人工模式。鉴于金融领域股吧评论信息的繁多性及复杂性，本研究选择自动提取模式来完成特征抽取。

自动化特征抽取的常见算法模型有词集模型、词袋模型、词袋模型加 IDF。词集模型主要是判断待处理词汇在整个文本中是否存在；词袋模型被用来计算待处理内容在整个文本中出现的数量；词袋模型加 IDF 算法里，典型代表是 TF-IDF，需要计算出 TF 值和 IDF 值。TF 即词频，是各个词在某个文本文件中存在的概率。IDF 即逆向文档频率，可以衡量各个词语的重要性。各个特定词语的 IDF 计算公式参见式(5.1)，其中，All_Num 表示文本文件总数，Contain_Num 表示包含某特定词语的文本文件数。

$$\mathrm{IDF}=\log_{10}\left(\frac{\mathrm{All\_Num}}{\mathrm{Contain\_Num}}\right) \tag{5.1}$$

为了减少错误率，本研究运用 TF-IDF 技术进行特征表示。在网络领域，词云图可以过滤掉许多文本信息，保留文本中出现频率较高的关键词，并进行可视化的处理。词云图方便突出整个文本的话题和主旨。集合所有分词后的标题文本，产生了如下的词云图(见图 5.3)。从词云图上观测出，“大盘”“A 股”“股市”

“上证”“指数”出现的频次较高，印证标题文本是对金融领域的研究，文本与股票市场的状况密不可分。而“股灾”“下跌”此类形容股市行情的词语能够反映出发帖者的情感。

图 5.3　基于上证指数股吧文本的词云图

5.3　金融文本情感词典的匹配

5.3.1　情感词典的来源

情感词典是一系列反映情感导向的情感词汇总，依据情感偏离方向可以分为积极或消极情感词典。金融文本情感词典首先需要基于现有的权威词典，添加或者修改特定的金融术语，再借助算法模型挖掘新词，从而构建出一个金融领域专用词典。目前有两种研究思路：其一是基于语义计算，即一般根据权威情感词库计算语义相似度，再根据待分析词语与词库基本词汇的紧密程度计算情感值；其二是基于统计分析，即一般计算目标词汇与标准词的“点间互信息”（PMI），PMI值与两个词语的关联性呈正比，由此得到词语的情感值。统计分析中包含了复杂的数学思想，较难理解，并且前人已经整理好一些情感词典，于是选择基于语义计算情感值。本研究的金融文本情感词典不仅整合了基础情感词典、拓展词典及金融专有情感词典，还带有目的性地对部分词汇进行了去重、调整、更新，从而有效提高情感分类精度。

现有基础情感词典有中国台湾大学NTUSD、知网HowNet等词库。权威词典里的情感词汇大致被分为3类：情感词、否定词、程度词。其中，情感词往往包含积极型和消极型情感词汇，否定词是对当前词汇情感极性的反转，程度词则为情感词赋予不同程度的权重。基于此，本研究收集中国台湾大学简体中文情感极性词典和知网的情感词汇。中国台湾大学NTUSD含有积极词2 810个、消极词8 276个。知网的情感词被划分至4组列表中，分别是消极和积极评价词语、消极和积极情感词语。程度词从高到低的情感度可被分为极其、很、较、稍、欠、超6个等级。知网或中国台湾大学NTUSD的情感词适合于各个领域，而金融术语作为特定的领域词汇，分别根据不同词性进行删除和添加，从而手工调整部分基准词典，具体修改内容如表5.4所示。

表5.4 基础情感词典的手动调整表

情感词性	删除词	添加词
积极情感词	自行、谨、固定、基础、基、到、刚、明显、不变、颖、幽、主要、上、长、对、通、应、需、用、主导、可乐、固、基础性、基部、事实上、刚刚、约、是、硬、灵、经济、常、会、深、欲、向、开通、要等	上涨、买超、划算、反弹、回升、放宽、新高、看好、缓解、落实、进展、高于、上升、优于、利好、升高、坚挺、增、强劲、微升、扭转、提升、涨、高开、红

续表

情感词性	删除词	添加词
消极情感词	愦、悭、大、胜、悱、怊	连累、跌穿、隐患、违约金、落幕、变数、阴影、违法、降低、打击、赤字、纪律处分、亏损、涉嫌、冲击、低见、急搓、补跌等
程度词		大幅、小幅、半点、非常、百分之百、重大
否定词	偏	不是、无

清华大学李军整理的褒贬义词典 V1.0、大连理工大学情感词汇本体 DUTIR、褒贬词及其近义词、网络用语情感词也被加入基础词典中。DUTIR 是重要的资源，提供每个情感词的情感分类、强度及极性等，还可以被精细化地切分为乐、好、怒、哀、惧、恶、惊 7 大类及其 21 小类。传统中文词性分类中，褒贬词往往表现一定的情感色彩。互联网时代的到来，催生出形形色色网络用语。比如，在网络上"稀饭"成为"喜欢"的替代词，"给力"成为"棒"的替代词。作为中文语料的研究，褒贬词和网络用语情感词的融入是十分必要的。

为了更加全面、更加有针对性地分析金融舆情的文本信息，本研究还将人工整理、标注的金融领域专有情感词加入构建的情感词典中。例如："牛市"或"熊市"是反映行情的专用术语；"红"或"绿"通常用来描绘 K 线图，是买方卖方两股力量抗衡的结果展示，红色代表着上涨的股价，绿色代表着下跌的股价，而在其他领域可能仅仅代表颜色本身。此外，词典中还预先整理反问标记词，以备情感分类使用。

5.3.2 金融文本情感词典的数据结构及整合情况

结合不同来源的词典资源，最终确定金融文本情感词典基本的数据结构，如图 5.4 所示。它包括情感、停用两类词典，其中前者囊括直接流露的情感词和修饰情感词的程度词表、否定词表、强化情感的感叹号及反问标记词表。

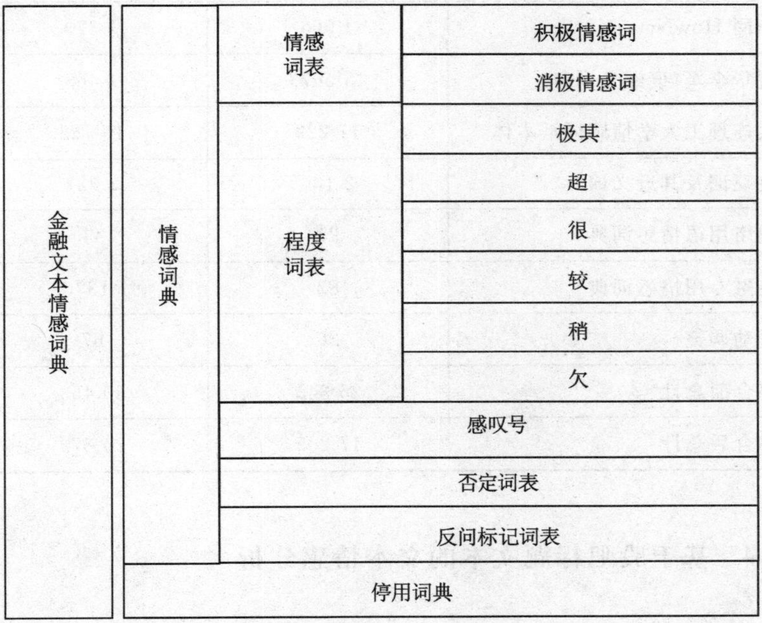

图 5.4　金融文本情感词典的基本数据结构

收集完上述词典后，对金融文本情感词典进行去重整合。具体而言，提取出各词典的词汇并进行精确分类。若一个词语在不同词典中的褒贬不一，则需要通过人工判断方式进行抉择，但遍历全部词汇并未发现此类。最终，整合去重后的金融文本情感词典根据情感词的数据结构分别放在不同的 txt 文件。在整合后的词典中，积极情感词数目为 17 205 个，消极情感词数目为 20 379 个，还有 221 个程度词、1 471 个停用词、60 个否定词、22 个反问标记词，整合去重情况参见表 5.5。

表 5.5 金融文本情感词典整合去重情况

词典名称	积极情感词数目	消极情感词数目
中国台湾大学 NTUSD	2 810	8 276
知网 HowNet	4 566	4 370
清华李军《褒贬义词典》	5 567	4 468
大连理工大学情感词汇本体	11 229	10 783
褒贬词及其近义词	2 106	2 327
网络用语情感词典	24	41
金融专用情感词典	83	137
手动调整	26	67
整合前总计	26 345	30 463
整合后总计	17 205	20 379

5.4 基于股吧标题文本的文本情感分析

一旦要确定股吧评论者对某只股票或者整个股市行情的态度，就需要应用情感分析技术。按照图 5.5 流程图的步骤，每个股吧标题被视为一个短文本，短文本经过预处理后匹配金融文本情感词典中对应的权重，再经由 4.2.4 章节的分类算法对每一条文本进行情感分类。因此，每一条股吧文本信息都对应着一个股吧文本情感值。

根据上述情感分类算法，得到 554 136 条有效股吧帖的文本情感统计结果，见表 5.6。从数量来看，表露消极情感的帖子最多，大约占据 39%的主导地位，积极情感次之。从标准差来看，积极情感和消极情感帖子的标准差超大，反映了股吧评论者之间情感的巨大差异性。股票市场的“做市”原则是仅在交易日进行股票交易，表5.7展现交易日与非交易日情感分布对比情况。相对于非交易日用户的发帖量，交易日用户发帖行为的频率较高，表明用户更倾向于股票开市日抒发情绪，即投资者发帖存在“交易日”效应。

表5.6　文本情感统计结果

指标	积极情感	中性情感	消极情感	合计
数量	184 862	152 915	216 359	554 136
均值	3 012.76	0	−72.48	976.77
标准差	883 238.27	0	14 441.16	510 225.78
众数	1	0	−1	0
最小值	0	0	−4 194 305	−4 194 305
25%	1	0	−3	−1
中位数	2	0	−2	0
75%	2	0	−1	1
最大值	268 435 456	0	0	268 435 456

表5.7　交易日与非交易日情感分布表

情感分类	交易日发帖量	非交易日发帖量	非交易日/交易日发帖量占比(%)
积极情感	171 913	12 949	7.53
中性情感	144 395	8 520	5.90
消极情感	204 348	12 011	5.88
总计	520 656	33 480	6.43

5.5 基于网络文本挖掘的投资者情绪

5.5.1 投资者情绪的衡量指标

投资者情绪是投资者整个群体感情的综合表现，能够反映出广大散户对整个股票市场或者某只股票的主观性态度。从情绪维度理论的视阈看，情绪有别于情感，情绪是矢量并具有多维度性。情绪的产生必须依赖于情感的形成。已有研究表明海量的网络金融文本中蕴含着投资者的群体情绪，从前人的研究成果来看，国内外关于投资者情绪的衡量指标并不一致。基于直接指标、间接指标的传统测度方式是单维度层面刻画情绪，仅仅包括情感的内容而缺乏情感的倾向程度考虑。本研究着重基于网络文本挖掘多维度地对情绪进行量化，主要有 3 类测度指标：其一是股吧文本情绪的情绪强度、情绪极性和情绪集中度等三维指标，其二是投资者关注度指标，其三是投资者互动度指标。

(1) 股吧文本情绪的三维指标

文本信息是投资者流露情绪的文字体现，因此，直接将股吧文本情绪加入投资者情绪的衡量指标中。在 4.2.4 章节中，股吧用户发布的每条文本标题已经通过文本情感分类算法计算出情感值并进行极性分类。每一条股吧文本情绪的数值大小代表情绪强度，而具体的正负号代表情绪导向。本研究选择日作为最小测度单位，每天的帖子可能上千条。为了更加准确地概括出全天的投资者情绪情况，分别构建情绪强度、情绪极性、情绪集中度 3 个子指标计算出当日整体的情绪。

情绪强度表示的是全天投资者寄托在股吧文本中的平均情感值大小。情绪强度用 intense 表示，是当天 m 条股吧帖情感值的算术平均值。intense 值越大，情绪强度越大。具体公式如式

(5.2)所示：

$$intense = \frac{1}{m}\sum_{i=1}^{m} \mathrm{T}_{\text{text}}^{i} \tag{5.2}$$

情绪极性，反映了投资者朝正面或负面情绪的倾向程度，以 *polar* 表示，通过公式(5.3)计算所得。

$$polar = \frac{C^{+} - C^{-}}{C^{+} + C^{-}} \tag{5.3}$$

其中，C^{+} 是当日表现积极情感帖子的总数量，C^{-} 是当日表现消极情感帖子的总数量。*polar* 值越大，情绪越偏向正向、肯定的状态；*polar* 值越小，情绪越偏向负向、否定的状态。

情绪集中度与情绪的离散度互斥，而投资者作为一个特殊群体，情绪集中度能够衡量群体情绪，从而表明投资者整体的意见。计算当日股吧情感值标准差能够得到情绪离散度，而情绪集中度 *focus* 是情绪离散度的相反数，计算公式见公式(5.4)。股吧情感值标准差越大，*focus* 值越小，说明情绪越分散，情绪集中度越差。

$$focus = -\frac{1}{m}\sum_{i=1}^{m} (\mathrm{T}_{\text{text}}^{i} - intense)^{2} \tag{5.4}$$

(2) 投资者关注度指标

设计关注度指标的目的是反映出投资者情绪的热度。投资者越多关注，就越能提升他们的参与度、讨论热度。股吧论坛中，用户兼投资者可以通过多种途径关注到某只股票，而最显著且最频繁的是阅读行为。从网络信息发布角度来看，股吧文本帖的阅读数被视为测度投资者关注度的重要考察维度。每日股吧帖的阅读数 *read* 是当日所有帖子阅读数的总和，由此取对数计算得到当日的投资者关注度。

$$attent = \log_{10}(read) \tag{5.5}$$

(3) 投资者互动度指标

就投资者之间的交流方式而言，阅读通常是股吧用户兼投资者的单方行为，而发帖－转发－评论能够形成发帖的投资者与评论的投资者或者多个评论者之间的多方互动。面对金融市场的千变万化，投资者在股吧论坛中发布各类言论，带来更多的浏览量，即投资者对此条帖子的互动度随之上升。一般情况下，转发又发挥着推广的作用。当某条帖子引起读者强烈的认同或否定感，股吧用户兼投资者会主动地借助转发方式发表对此条帖子的情感，由此会拓宽帖子的效用范围，助推其他散户的互动。投资者之间的评论热度越高，互动程度就越高，这可能促进投资者实现不同的投资决策。股民对每一条股吧帖的评论数是值得关注的，它是量化投资者互动度的关键代理变量。当日的发帖量、转发数和评论数采用的每日汇总值，分别用 pub、$forw$、$comm$ 表示，通过对数运算得到当日互动度：

$$inter = \log_{10}(pub + forw + comm) \tag{5.6}$$

5.5.2 基于 EWM 的投资者情绪指数计算

EWM 即熵权法，是常见的客观赋权法之一。熵权法是根据指标变异大小来确定权重，信息熵越小，变异程度就越强，权重自然较大。为了客观反映出不同时期投资者情绪的变化状态，本研究利用 EWM 熵权法构建出投资者情绪综合指数，计算过程如图 5.5 所示。

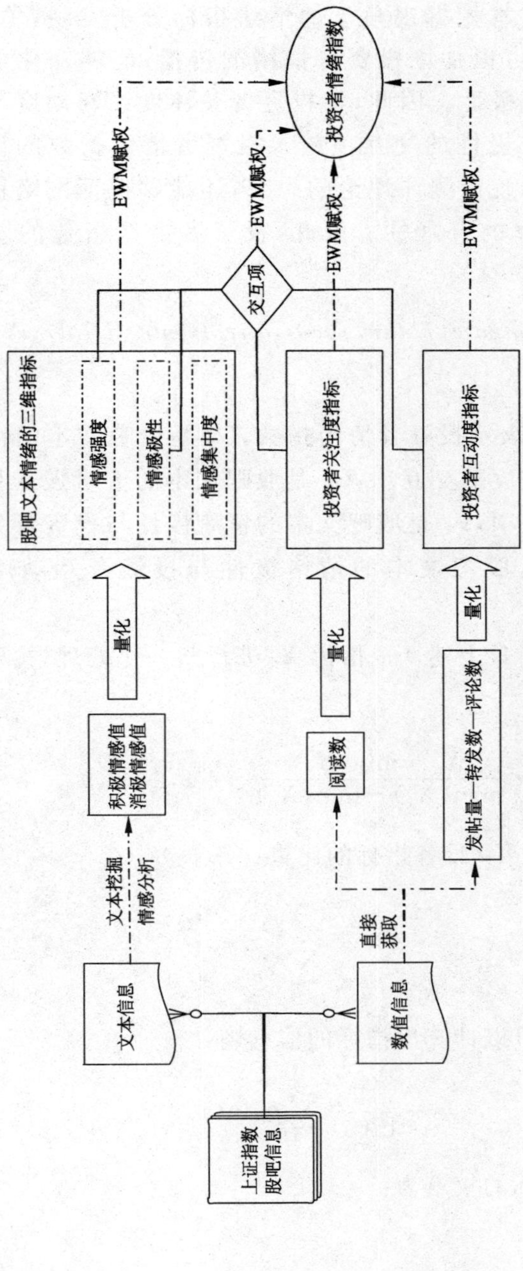

图 5.5　投资者情绪指数的计算过程

通过网络文本挖掘视角下的情绪指标分析发现，关注度、互动度的提高，可以加剧投资者情绪的传播，能够深化他们对于情感的强度或极性。因此，将投资者关注度或互动度与股吧文本情绪强度或极性的交互项放入投资者情绪指数的计算过程。这不仅符合统计测评理论的思想，还能够保证网络视角下投资者情绪计算的合理性。由此，投资者情绪指数的基础模型为

$$Sentiment = f(intense, polar, focus, attent, inter, U_1, U_2, V_1, V_2) \tag{5.7}$$

其中，$Sentiment$ 表示投资者情绪指数，U_1 是股吧文本的情绪强度与投资者关注度的交互项，U_2 是股吧文本的情绪强度与投资者互动度的交互项，V_1 是股吧文本的情绪极性与投资者关注度的交互项，V_2 是股吧文本的情绪极性与投资者互动度的交互项。

首先，将第 i 日上述 9 个指标 X_{ij} 进行归一化处理，按照公式(5.8)得到 Y_{ij}：

$$Y_{ij} = \frac{X_{ij} - \min(X_j)}{\max(X_j) - \min(X_j)}, j = 1, 2, \cdots, 9 \tag{5.8}$$

接着计算出第 i 日各指标的比重：

$$p_{ij} = \frac{Y_{ij}}{\sum_{i=1}^{n} Y_{ij}} \tag{5.9}$$

基于比重，可以计算出指标的信息熵：

$$e_j = -\frac{1}{\ln(n)} \sum_{i=1}^{n} p_{ij} \ln(p_{ij}) \tag{5.10}$$

从而，各指标的权重为：

$$w_j = \frac{1 - e_j}{\sum_{j=1}^{9} e_j} \tag{5.11}$$

最终，通过加权平均计算，得到投资者情绪指数：

$$Sentiment = 100 * \sum_{j=1}^{9} w_j Y_{ij} \tag{5.12}$$

5.5.3　投资者情绪指数的变化趋势

本章节的重点在于通过网络文本挖掘技术挖掘出投资者情绪，按照上述的流程，得到测度投资者情绪的重要指标以及综合性的投资者情绪指数。下面对它进行可视化分析。

为了进一步分析情绪指数在不同时间段的差异，以日、周、月、季为时间间隔，描绘样本时间跨度内投资者情绪指数的时变图，参见图 5.6。样本期内，日波动频繁，季度波动相对平稳，表现出投资者情绪波动的短期“时效性”特征。网络的传播使投资者能够迅速了解新信息，对网络金融信息解读具有很强的时效性，从而使得投资者情绪反应更灵敏。然而，随着市场信息的不断积聚，投资者的关注范围有限，因此更倾向于对新信息的获取，而放弃对过往信息的持续关注，长此以往，投资者对信息的反应会放缓。

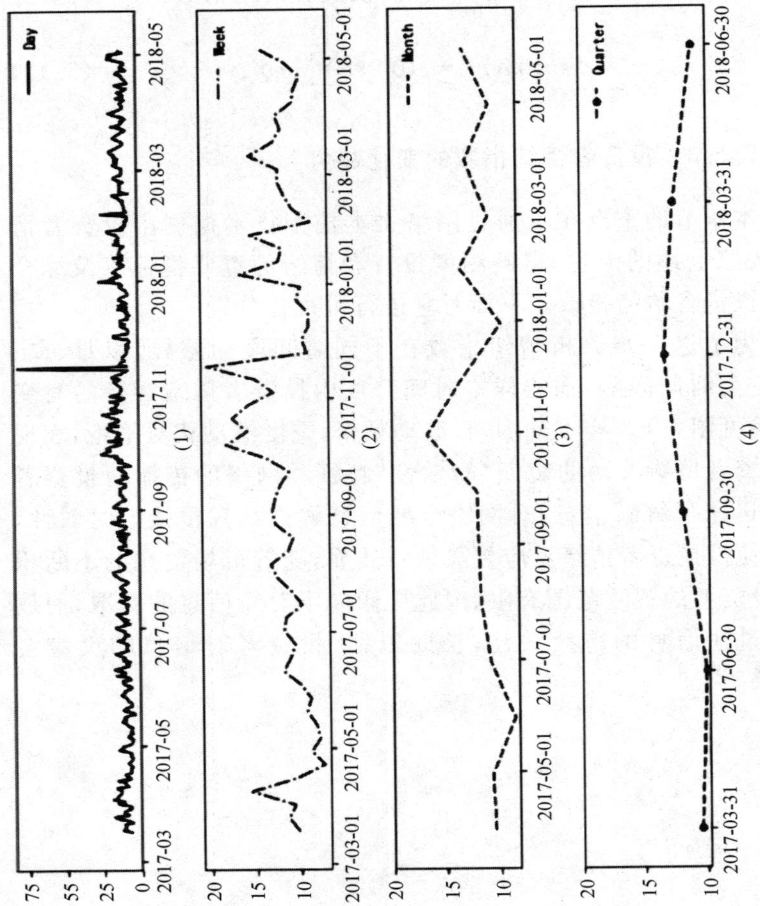

图 5.6　投资者情绪指数的时变图

5.6　本章小结

本章应用文本挖掘技术，实现投资者情绪的测评，具体的步骤如下：

首先，选取东方财富网上证指数股吧文本作为信息源，利用 Python 进行网络爬虫从而获取到 554 186 条有效金融文本信息。

其次，对文本进行数据清洗，利用 jieba 分词、特征提取以及基于金融文本词典进行文本情感分类以实施金融文本挖掘过程。其中，金融文本词典是基于中国台湾大学 NTUSD 和知网 HowNet 等基础词典和清华大学李军整理的褒贬义词典 V1.0、大连理工大学情感词汇本体 DUTIR、褒贬词及其近义词、网络用语情感词典等拓展词典，还通过人工整理添加金融专用词典，以确保情感词典的全面性和针对性。

最后，基于股吧文本的情感识别结果，设计 3 类测度投资者情绪的单一指标和情绪指数这一综合指标。股吧文本情绪从情绪强度、情感极性和情感集中度进行多维度考量，投资者关注度和投资者互动度则从投资者的交流方式进行考察。为了更加客观地反映投资者情绪的动态变化，给三类单一指标进行赋权，应用熵权法完成了投资者情绪指数的计算。从情绪指数的时变图发现，基于网络文本挖掘的情绪具有短期时效性。

第6章 股票市场风险预警模型的构建

6.1 股票市场风险的预警指标体系

6.1.1 预警指标选取

将大量影响股票市场风险的因素都引入预警指标体系中固然是很全面的,但是冗杂的指标往往会带来多重共线性,从而加大预警模型的构建难度。网络文本信息和预警又具有很强的时效性和高频性,然而我国宏观经济状况往往按照月份进行统计,无法获得更精确的日频数据,于是本研究仅从股票市场层面来判断风险状态。结合当前市场风险特点及现有文献,本研究将股票市场风险的形成原因归为两类:其一是传统金融视角下股票市场表现因素,其二是行为金融视角下的投资者情绪因素。基于科学化、合理化、灵敏性的原则,本研究甄选出两大类风险因素和12项具体风险预警指标,进而构建出一套股票市场风险指标体系。

在众多影响因素中,通常选择价格指数、成交量、收益率等市场指标来体现股票市场运行的短期波动。现有的风险预警研究对此基本上已达成共识,因而它们可作为预警模型的重要变量。本研究涉及的市场表现预警指标主要包括以下几项:

(1) 股票价格指数。它是市场上反映股票普遍价格水平的指标中最具代表性的指标。一般而言,当指数上升时,市场参与者普遍看好市场行情,对未来有积极的预期;一旦指数下跌甚至是遭遇暴跌的情况,投资者往往会产生恐慌,逐步选择从股市中脱身，由此容易带来连锁的信心危机，进而引发股票市场风险的蔓延。由于前面基于网络文本挖掘的投资者情绪是以上证指数股吧信息为研究对象，本研究采用上海证券综合指数的收盘价来代表股票价格水平。

（2）涨跌幅。针对股票价格指数，涨跌幅指标能够反映其涨跌状况，能够先行地表现出市场突变。涨跌幅落差越大，股价波动越强烈，市场突变发生概率越高。涨跌幅高于零，表明股价出现上涨；涨跌幅低于零，表明股价下跌。

（3）市盈率。长期以来，市盈率直接与“投资回收期”挂钩。忽略时间价值时，市盈率越高，说明股票收回投资周期较长，入股价值越低；反之，股价相对于每股收益的倍数较小，投资回收的时间跨度较短，风险减弱，更适宜投资。虽然市盈率是投资价值的衡量指标之一，但是相同时间段、相同股票市场的市盈率水平才具有可比性。因此，本研究选用沪市的平均市盈率进行考察。

（4）换手率。它通常表现出市场流动性的强弱。如果值较大，说明流动性较好，可以降低交易成本并促进资本集聚；反之，值越小，不稳定性越强，不利于资本流动，风险转移和分散难度较大，容易产生股市流动性风险。

（5）波动率。波动率是监测股票市场短期波动的最直观指标。一方面，股价的剧烈波动会直接导致投资者信心匮乏，股票市场上容易积聚许多潜在的风险；另一方面，波动率为零又会造成市场欠缺升值弹性，但投资者仍希望从价格波动中套利。合理波动率水平才是股市正常运行的重要因素。

（6）成交量。成交量一般用来反映某段时间内市场冷热状况。成交量过高表明市场过热，股市中缺乏理性行为；相反，成交量过低时，投资者参与度较低，表现出行情冷淡。无论成交量多少，市场中投资者都表现出一定的盲目跟风行为，呈现出涨市纷纷入市跟投、跌市疯狂抛售的现象。

（7）收益率。收益率是衡量股票投资收益不可或缺的评价指标,能够直接用来表现市场运行的收益状况。同时,收益率的标准差是衡量风险大小的绝对指标。用上证指数日收益率充分体现沪市大盘的收益行情。

(8) 股票市值。股票市值作为供求关系形成的产物,可以用来反映市场的资产规模。市值越高,市场中资金供给相对充足,买方力量较强,资本量增加会扩大融资渠道、降低融资成本;反之,市值蒸发后,投资者的信心较弱,资本的配置进程会放缓。

前面5.4节已对投资者情绪因素进行充分考虑,将股吧文本情绪的三维指数、投资者关注度、投资者互动度及投资者情绪指数均加入预警研究体系,具体如表6.1所示。

表6.1 股票市场风险的预警指标体系

指标分类	预警指标	表示方式	说明
市场表现指标	股票价格指数	price	上证指数的收盘价
	涨跌幅	change	涨跌值/前一交易日收盘价
	市盈率	PE	每股市价/每股盈利
	换手率	turn	流通股的成交量/流通中总股本
	波动率	vol	利用GARCH(1,1)估计的波动率
	成交量	trade	当天沪市交易成交的股票总手数
	收益率	return	上证指数日收益率
	股票市值	value	上海市场日总市值
投资者情绪指标	股吧文本的情绪强度	intense	参见5.4.1章节的说明
	股吧文本的情绪极性	polar	参见5.4.1章节的说明
	股吧文本的情绪集中度	focus	参见5.4.1章节的说明
	投资者关注度	attent	参见5.4.1章节的说明
	投资者互动度	inter	参见5.4.1章节的说明
	投资者情绪指数	Sentiment	参见5.4.1章节的计算

6.1.2　预警指标的主成分分析

主成分分析方法即 PCA，主要是将高维数据向低维数据进行映射，从而把一组相关性较大的特征变量简化为几个互不相干的主成分，并用其反映本来变量的全部信息。

首先，在分析前需要确保时间序列具有平稳性。于是，对各指标进行单位根检验。检验结果中，在 5%的置信水平下，P 值小于 0.5，表明不接受存在单位根的原假设。显然，时间数据都是平稳且满足主成分分析的前提。

表 6.2　各特征值及其贡献率

主成分	初始特征值		
	合计	方差的百分比%	累积/%
Z_1	5.385	29.915	29.915
Z_2	4.575	25.415	55.331
Z_3	2.463	13.684	69.014
Z_4	1.606	8.921	77.935
Z_5	1.338	7.436	85.371
Z_6	1.011	5.615	90.985

接着，利用 sklearn 库中 PCA 包进行主成分分析，得到表 6.2 中各特征值及其贡献率。相关系数矩阵中最大的 6 个特征根分别为 5.385，4.575，2.463，1.606，1.338 和 1.011。前 6 个主成分累积贡献率高达 90.985%，远远超过 85%的普遍标准，表明适合做主成分分析。于是，前 6 个主成分可以包括原始变量大部分信息。依据各特征值贡献率，得到综合得分与前 6 个主成分的关系式为：

$$Score = 0.2992Z_1 + 0.2542Z_2 + 0.1368Z_3 + 0.0892Z_4 + 0.0744Z_5 + 0.0562Z_6 \tag{6.1}$$

最终，确定综合风险得分与各个标准化后预警变量的关系式为：

$$Score=0.010\ 28price+0.012\ 8change+0.043\ 3PE+0.136\ 4turn-0.026\ 7vol+0.139\ 6trade+0.012\ 8return+0.074\ 8value+0.149\ 6intense+0.064\ 9polar-0.151\ 8focus+0.024\ 1attent+0.019\ 9inter+0.149\ 8U_1+0.150\ 1U_2+0.064\ 9V_1+0.066\ 0V_2+0.167\ 5Sentiment \tag{6.2}$$

通过式(6.2)得到的综合风险得分 Score 是股票市场运行过程中风险的直观量化结果，可以客观呈现市场风险状态，为后续的等级划分提供有力的数据支撑。

6.2 股票市场风险的风险等级

股票市场风险指股票价格指数的骤变或者暴跌。本研究的目的是基于网络舆情下的投资者情绪和市场表现来预测短期内股票市场风险状态突变的可能性，并汇报预警信号，进而引起市场参与者的关注。借鉴国际上通用的风险警戒线及风险预警研究文献的设置，本研究将股票市场的风险状态按照风险严重性由劣到优依次设置为：Ⅰ级“危机状态”、Ⅱ级“高风险状态”、Ⅲ级“中等风险状态”、Ⅳ级“低风险状态”，分别用“红色”“橙色”“黄色”“绿色”代表预警信号。

上述 6.1.2 节已经对预警指标实现主成分分析，利用 6 个主成分得到综合性风险得分，可以用此来确定股票市场运行的风险状态。统计学理论中，正态分布作为常见概率分布之一，存在“3 原则”。换句话说，在均值的 3 倍标准差内能够包含 99.73%的重要信息。Zouaoui 等(2011)、Sevim 等(2014)及赵雪瑾和张卫国(2016)将风险得分的均值增加几倍标准差来作为评判风险等级的标准，并指出标准差的倍数根据国情而定[144－146]。借鉴他们的做法和置信区间的设定方法，本研究试图确定一个合理的预警区间。

单单考虑 3 倍标准差的范围较宽，无法正确地反映股票市场短期内风险的动态变化，而且当出现警情时发出预警信号会迟缓。如果严格控制标准差范围，设置均值仅偏离 0.5 倍标准差，可能带来无效预警，导致投资者过度紧张，诱发非理性行为，进而会带来安全隐患。为了更加有效地刻画股票市场风险的基本特征，本研究分别以均值加上 0.5 倍、1 倍、2 倍标准差划分风险预警线。结合我国金融监管条例以及赵雪瑾和张卫国(2016)[147]的做法，最终设置如下风险等级：将Ⅰ级“危机状态”设置为超过偏离均值 2 倍标准差的范围，Ⅱ级“高风险状态”设置为均值偏离的 1 倍标准差与 2 倍标准差之间范围，Ⅲ级“中等风险状态”设置为 0.5 倍标准差与 1 倍标准差之间的范围，Ⅳ级“低风险状态”设置为均值偏离 0.5 倍标准差范围内的情况(见表 6.3)。

表 6.3 股票市场风险的风险等级

风险等级	风险区间	预警信号
Ⅰ级“危机状态”	$(\cdots,\mu-2\sigma),(\mu+2\sigma,\cdots)$	红色
Ⅱ级“高风险状态”	$[\mu-2\sigma,\mu-\sigma),(\mu+\sigma,\mu+2\sigma]$	橙色
Ⅲ级“中等风险状态”	$[\mu-\sigma,\mu-0.5\sigma),(\mu+0.5\sigma,\mu+\sigma]$	黄色
Ⅳ级“低风险状态”	$(\mu-0.5\sigma,\mu+0.5\sigma]$	绿色

6.3 股票市场风险预警模型的构建

6.3.1 预警模型的选取依据

预警研究领域中，已经存在大量基于传统统计学理论的实证模型，如横截面模型、KLR 信号分析模型、Logistic 分类模型等。

传统统计预警过程已经相对成熟,但是计算的过程较简单,往往很难充分反映现实状况,导致其具有一定的局限性。近年来,人工智能技术逐步与金融市场相融合,研究人员纷纷借助复杂的非线性关系试图改善预警模型的预警效果。其中最具代表性的有人工神经网络模型和支持向量机模型。

人工神经网络模型,如BP神经网络,为模拟人脑神经元用多种连接方式组织不同的网络模型,其中各神经元间掺杂着许多非线性关系,更符合现实世界的普遍特征,是目前风险评估领域较常用的模型之一。一个完整的神经网络模型在结构上通常包含输入层、隐含层及输出层。输入层一般负责接收现实数据,输出层用来负责输出模拟结果,而隐含层则负责过渡处理输入层和输出层。虽然神经网络能够获取大量数据中包含的信息,但是其算法较复杂,存在参数主要靠经验选取等突出的缺点。对于功能齐全的神经网络模型,模型对数据缩放或者参数调整等反应很敏感,会消耗很久的训练时间。因此,学者们将视角转向同样在均匀数据上处理性能较好的支持向量机模型(SVM)。

与神经网络相比,SVM主要在算法上使用数学方法和优化技术进行简化,对有限的样本数据在模型的复杂度和泛化能力间进行折中选择,能够克服大样本的"过拟合"、局部极小值等问题。风险等级判定是股票市场风险预警的关键决策问题,而该问题是典型的多维度分类问题。由于股票市场风险考核的指标较多,同时数据观测时间跨度较窄,易形成小样本数据,此时传统的统计学习模型以及人工神经网络模型不适用。于是,最终选择机器学习中以统计学原理为基础的支持向量机算法,构建股票市场风险预警模型。

6.3.2 支持向量机的工作原理

支持向量机概念由20世纪90年代Corinna Cortes和

Vapnik 率先提出，含有 VC 维和结构风险最小化的统计原理。它的基本思想是将向量映射到 $n-1$ 维空间中，构造一个 $n-1$ 维超平面对 n 维真实空间中的数据点进行分离，分离超平面两侧再构造两平行的超平面。SVM 需要使分离超平面和与其平行超平面之间距离最远，则形成最优超平面。在分类模式识别方面，它具有特有优势，一般分为线性、非线性支持向量机。随着非线性支持向量机的发展，多维度分类的情况更常见，但是多维度分类是基于二值分类的，下面从最初的二值分类进行说明。

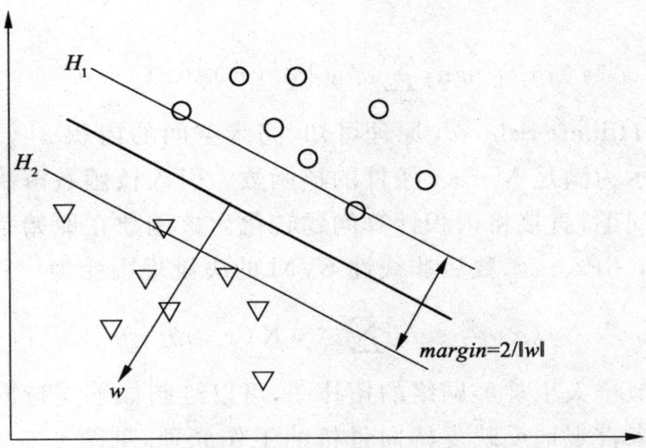

图 6.1　支持向量机的分隔超平面

如图 6.1 所示，假设存在一个超平面 $w^T x+b=0, w\in R^d$ 可以将训练样本集 $(x_i, y_i), x_i\in R^d, y_i\in\{-1,+1\}, i=1,\cdots,l$ 线性分类，w 进行归一化且满足 $0\leqslant y_i(w^T x+b)-1$。两个支持向量机之间的间隔 margin $=2/\|W\|$。分类时要使平面与支持向量间的几何间隔 $\gamma=1/\|w\|$ 最大，需要使 $\|w\|^2$ 最小，才能够确定最优超平面。通过 Lagrangian 乘子法求解后，

将问题转成对偶问题，得到最优决策函数的公式(6.3)。其中，α_i^* 是每个样本对应的 Lagrangian 乘子，w^*、b^* 通过带入 KKT 条件得到。一般而言，只有 $\alpha_i^*>0$ 样本会对决策发挥作用，这就是支持向量。

$$f(x)=\operatorname{sgn}\{\sum_{i=1}^{l}\alpha_i^* y_i(x_i^T x)+b^*\} \tag{6.3}$$

针对复杂的风险识别过程，非线性支持向量机更适合本文的研究。非线性 SVM 可以把样本通过非线性映射到某个高维空间，然后基于线性 SVM 在高维空间中实现样本的完全分离。设定映射是 $\phi, x\to\phi(x)$，非线性的最优决策函数就成为公式(6.4)。

$$f(x)=\operatorname{sgn}\{\sum_{i=1}^{l}\alpha_i^* y_i[\phi^T(x_i)\phi(x)]+b^*\} \tag{6.4}$$

由 Hilbert-Schmidt 原理可知，高维空间的内积 $\phi^T(x_i)\phi(x)$ 可以表示为满足 Mercer 条件的核函数。引入核函数解决了维度灾难的问题，直接将内积计算问题转化为核函数在原始空间的计算问题。引入核函数后非线性 SVM 的决策规则变为

$$f(x)=\operatorname{sgn}\{\sum_{i=1}^{l}\alpha_i^* y_i K(x_i,x)+b^*\} \tag{6.5}$$

类似于人工神经网络的拓扑图，可以绘制如下支持向量机的结构图来直观地反映支持向量机的工作原理，见图 6.2。与神经网络不同的是，支持向量的个数通过核函数运算自动优化产生，而不需要依赖人为经验，同时收敛于全局最优。该分类方法可以用于股票市场风险预警，通过部分训练样本数据进行训练构造预警模型，将不同风险等级的股票市场风险进行分类，观测预警信号更利于风险识别和风险管理。

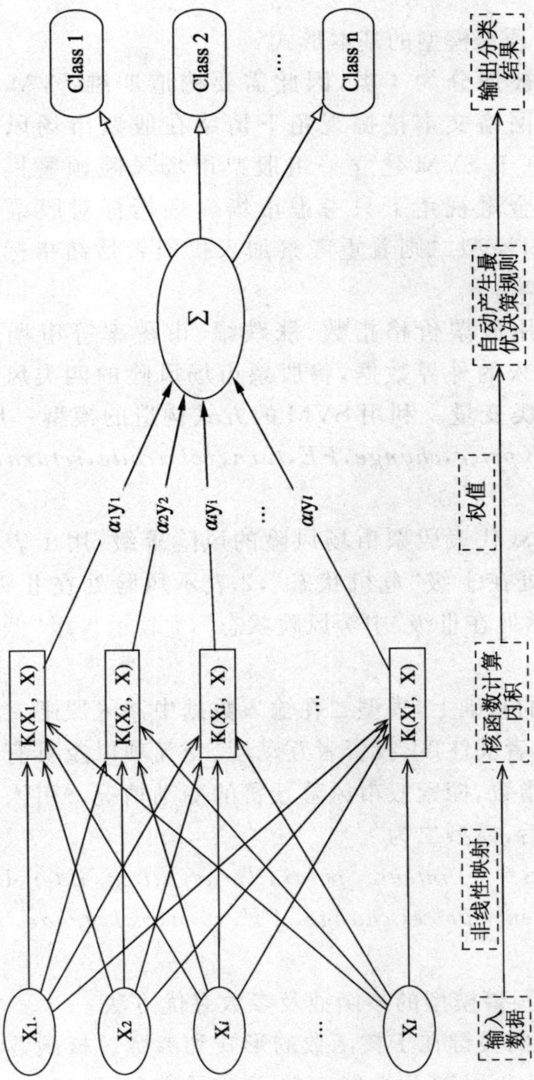

图 6.2　支持向量机的工作原理图

6.3.3 SVM 预警模型的构造

(1) SVM 预警模型的基本形式

风险等级被划分为 4 类，因此需要构造四维 SVM 预警模型。为了突出网络文本挖掘视角下情绪在股票市场风险中的作用，本研究基于 SVM 建立一组股票市场风险预警模型。模型一体现传统金融视角下只考虑市场表现指标对股票市场风险的预警效果，模型二则着重考察加入投资者情绪指标对风险预警效果的影响。

模型一采用股票价格指数、涨跌幅、市盈率等市场表现指标数据作为输入的外界数据，将股票市场风险的四类风险等级作为输出的分类变量。利用 SVM 的方式构造的模型一形式为

$$Risk\_Class = f(price, change, PE, turn, vol, trade, return, value\} \tag{6.6}$$

其中，$Risk\_Class$ 代表股票市场风险的风险等级：用 1 表示当前股票市场风险处在Ⅰ级“危机状态”，2 表示风险处在Ⅱ级“高风险状态”，3 表示处在Ⅲ级“中等风险状态”，4 表示Ⅳ级“低风险状态”。

在模型一的基础上，模型二在输入数据中添入股吧文本情绪三维指标、投资者关注度、投资者互动度、交互项以及具有综合性的投资者情绪指数，探索股市风险预警的变动情况。引入一系列情绪衡量指标后，模型二为

$$Risk\_Class = f(intense, polar, focus, attent, inter, U_1, U_2, V_1, V_2, Sentiment, price, change, PE, turn, vol, trade, return, value) \tag{6.7}$$

(2) SVM 预警模型的核函数及参数寻优方法

SVM 模型的关键在于核函数的形式和参数。核函数直接控制 SVM 模型复杂程度及性能。关于核函数的研究中，主要有 4 类常见内积核函数，见表 6.4。其中，线性核函数专门用来处理

线性问题；径向基核函数可以做出复杂的边界，数值不易溢出，但是它的解释性较弱，训练速度较慢，还容易出现过拟合现象；多项式核函数的优势在于非线性问题的处理，但是当 q 值过大时数值容易溢出，同时参数组合不易确定；Sigmoid 表现为 s 型核函数，内部包含神经网络算法。

表 6.4　支持向量机的常见核函数

核函数类型	缩写形式	公式
线性核函数	LINE	$K(x_i,x)=x_i^T x$
径向基核函数	RBF	$K(x_i,x)=\exp(-\Vert x_i-x\Vert^2/\sigma^2)$
多项式核函数	POLY	$K(x_i,x)=(\gamma x_i^T x+1)^q,\gamma\in R,q$ 为正整数
Sigmoid 核函数	SIGM	$K(x_i,x)=\tanh[\gamma x_i^T x-\theta],\theta\in \mathbf{R}$

此外，惩罚系数 C 和参数 γ 等也是评估模型预警性能的重要参数。惩罚系数 C 是调节几何间隔及分类准确度偏好的权重，参数 γ 控制核宽度，决定数据映射到新空间的分布。通过多轮交叉验证，使用合适的惩罚系数 C 及核函数参数检查 SVM 预警模型的性能。实际 k—折交叉验证时，采取如下步骤：将样本切分为 k 个互不相交、数量相等的子集；然后借助 k 次训练，每次按照 $(k-1):1$的比例分别做训练集、测试集；接着确定 k—折交叉确认误差，是测试过程中被错误判断样本的占比；最终确定一个精确度最高的参数组合。

目前，学术界对于核函数及参数的选择没有确定的结论，然而在分类时这些问题是至关重要的。本研究取惩罚系数 $C=2^{-1},1,2,4,8,16$，参数 $\gamma=2^{-6},2^{-5},2^{-4},2^{-3},2^{-2},2^{-1},1$，拟对上述核函数和各参数均进行模拟测试，通过对预警效果的对比，根据精确度挑选出最优的预警模型。

6.4 样本选择及数据来源

充分考虑样本数据的收集难度以及预警数据的灵敏性，本研究选择2017年3月17日至2018年5月3日期间共275个交易日数据为样本。为了观测股票市场风险预警模型的预警结果，首先将整个样本数据按照85%和15%的比例分别划分为训练样本（Train Set）、测试样本数据集（Test Set）。其中，前者时间跨度为2017年3月17日至2018年2月28日，后者时间跨度为2018年3月1日至2018年5月3日。样本集的分布情况如表6.5所示。

表6.5 样本集的分布情况

样本集	数据规模	Ⅰ级、Ⅱ级、Ⅲ级、Ⅳ级各风险等级样本的占比
训练样本	233	2/0.86%,20/8.58%,91/39.06%,120/51.50%
测试样本	42	0/0%,2/4.76%,16/38.10%,24/57.14%
总样本	275	2/0.73%,22/8%,107/38.91%,144/52.36%

在预警指标体系中，市场表现指数都是日频数据，来源于锐思（RESSET）金融数据库和国泰安（CSMAR）数据库。投资者情绪相关数据是基于网络文本挖掘技术进行测度得到的，原始数据来自于东方财富网上证指数股吧的分时发布信息。

6.5 数据初步处理

为了消除不同单位数据之间的影响，率先采取Z-score标准化方式对原始数据进行无量纲化处理。Z-score标准化是将改变后指标的均值限定为0，标准差限定为1，从而排除异常值的影响，使数据具有可比性。Z-score标准化的转换函数如下：

$$X'=\frac{X-E(X)}{\sqrt{D(X)}} \tag{6.8}$$

其中，X 表示原始样本数据，X' 经过标准化转换后的值，$E(X)$ 和 $D(X)$ 分别是所有样本数据的均值和方差。

6.6　本章小结

本章节的目标是设计一套股票市场预警系统，为后续投资者情绪对股票市场预警的实证研究做好准备工作。

首先，建立完备的预警指标体系，作为预警模型的输入变量。不仅包含股票价格指数、涨跌幅、市盈率等市场表现指标，还增添股吧文本情绪的三维指标、投资者关注度、互动度及情绪指数等指标。利用主成分分析确定股票市场风险的综合得分。

其次，判别股票市场风险的风险等级，以此作为预警模型的目标变量。分别以均值加上 0.5 倍、1 倍及 2 倍标准差为警界，将风险等级划分为Ⅰ级“危机状态”、Ⅱ级“高风险状态”、Ⅲ级“中等风险状态”、Ⅳ级“低风险状态”。

接着，着力构建风险预警模型。选取机器学习中的支持向量机算法作为模型原型，最终确定两个 SVM 预警模型的基本形式。模型一是基于市场指标的股票市场风险预警模型，模型二是引入投资者情绪指标的风险预警模型。与此同时，还阐明 SVM 核函数的确定及参数寻优方法。

最后，阐明样本选择范围及数据来源，并对数据进行 Z-score 标准化处理，以期消除量纲化影响。

第7章 投资者情绪对股票市场风险预警的实证分析

7.1 投资者情绪与市场表现指标的统计性描述

7.1.1 市场表现指标的特征描述

从表7.1的描述性统计结果看，股票市场价格指数、涨跌幅、市盈率、换手率、波动率、成交量、收益率和股票市值是股票市场表现的特征指标。日股票价格指数的标准差为114.72，说明价格指数波动性较大，股价波动率的均值为0.74%，也充分体现当前股价的波动状况。市场市盈率的中位数为28.032 1，则股票投资回收期相对长，会减缓投资价值实现的进程。日换手率是反映当前市场的流动性水平指标，均值与中位数相差不大，说明当前换手率的变动较稳定。日成交量和股票市值的均值较大，直接描述了当前股票市场交易量的规模。日收益率的均值为−0.000 2，体现出样本观测期间股票市场总体存在下行趋势。

表7.1 市场表现指标的描述性统计结果

预警指标	观测数	均值	标准差	最小值	最大值	中位数
price	275	3 269.83	114.72	3 052.78	3 559.47	3 273.03
change	275	−0.016 4	0.751 8	−4.052 7	2.169 3	0.073 7

续表

预警指标	观测数	均值	标准差	最小值	最大值	中位数
PE	275	28.24	2.83	24.23	39.31	28.032 1
turn	275	0.807 6	0.154 6	0.428 2	1.315 4	0.804 9
vol	275	0.007 4	0.002 0	0.005 5	0.019 1	0.006 4
trade	275	$1.81*10^{10}$	$4.03*10^{9}$	$1.00*10^{10}$	$2.82*10^{10}$	$1.76*10^{10}$
return	275	−0.000 2	0.007 5	−0.040 5	0.021 7	0.000 7
value	275	$2.67*10^{13}$	$1.39*10^{12}$	$2.43*10^{13}$	$3.01*10^{13}$	$2.71*10^{13}$

图 7.1 展示所有市场表现指标的时间序列图。观察图 7.1(1)发现，2018 年 1 月至 5 月股票价格指数呈现下滑景象。相应地，股票市场的波动率在此期间变动较大，如图 7.1(5)所示。随着时间的推移，股票市场的股票市值与股票价格指数的走势趋于一致，股票价格上涨时，市值也相应有所提升。

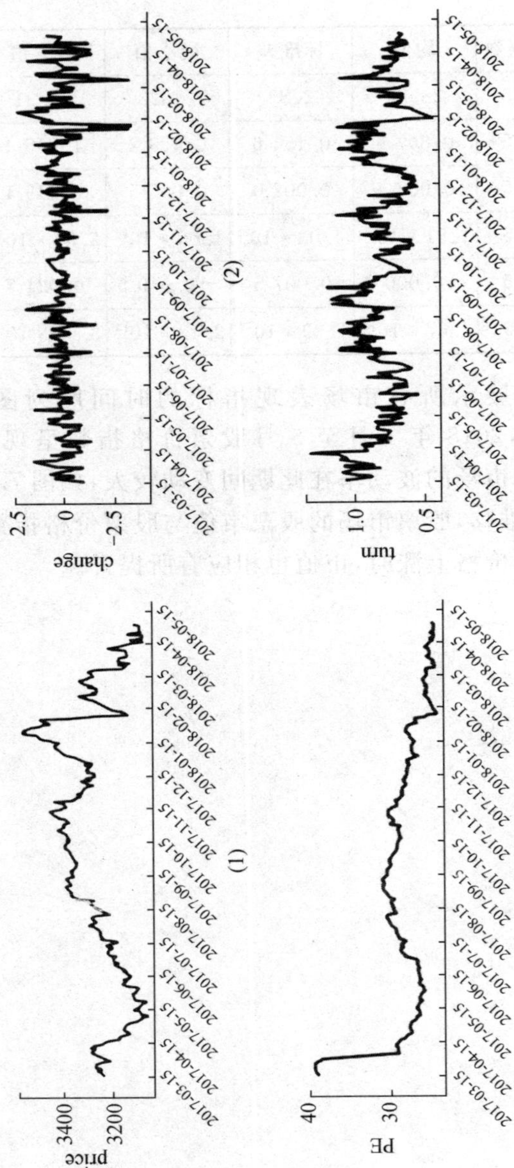
price
change
PE
turn
1e10
(1)
(2)
(3)
(4)

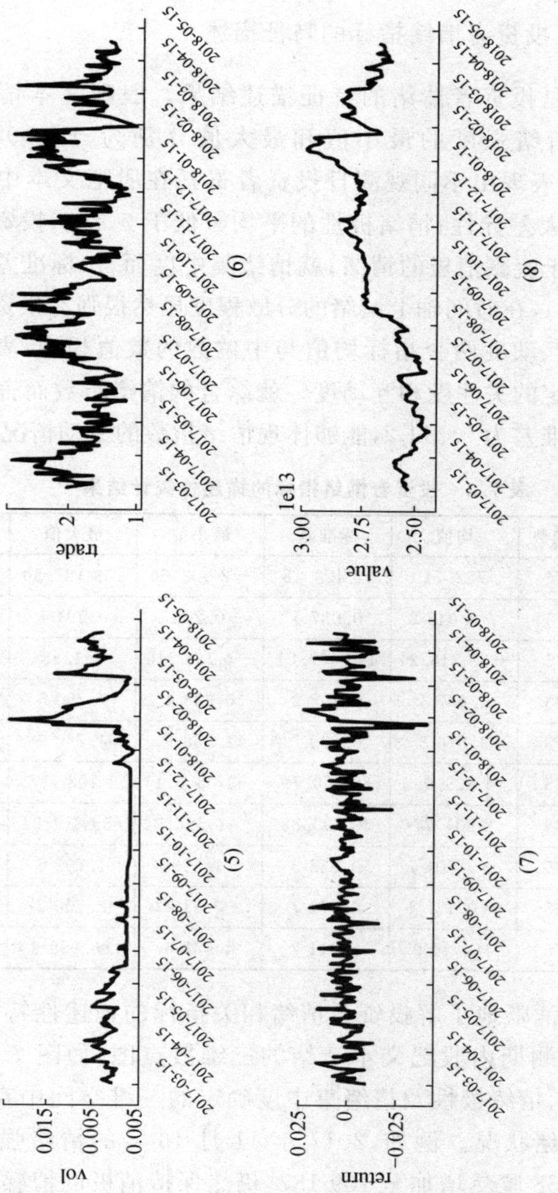

图 7.1　市场表现指标的时间序列图

7.1.2 投资者情绪指标的特征描述

表 7.2 是投资者情绪的特征描述结果。股吧文本情绪的三维指标中，情绪强度的最小值和最大值分别为−2 902.66 和 169 187.50，表现出不同观测日投资者寄托在股吧文本中的情绪强度存在较大差异性；情绪极性的平均数低于 0，说明投资者在样本期内倾向于流露消极的情绪；就情绪集中度而言，标准差的值高达 446 487.81，在时间轴上情绪的分散程度显然很强。投资者关注度和投资者互动度两个指标均值与中位数的数值相当，表明投资者保持着稳定的关注度和互动度。就综合的情绪指数而言，275 个观测值的标准差为 5.311 2，能够体现情绪指数的变动情况。

表 7.2 投资者情绪指标的描述性统计结果

预警指标	观测数	均值	标准差	最小值	最大值	中位数
intense	275	732.71	10 423.18	−2 902.66	169 187.50	−0.106 5
polar	275	−0.045 8	0.097 5	−0.238 1	0.294 1	−0.059 0
focus	275	−37 346.21	446 487.81	−6 738 316	−1.88	−2.975 2
attent	275	6.487 4	0.198 2	6.038 4	7.290 5	6.470 7
inter	275	3.816 2	0.239 7	2.758 9	4.780 9	3.807 3
U_1	275	4 825.95	68 366.79	−18 645.11	1 108 117	−0.689 9
U_2	275	2 904.77	40 799.82	−10 565.04	659 819.31	−0.405 9
V_1	275	−0.304 7	0.635 3	−1.563 6	1.792 6	−0.384 3
V_2	275	−0.187 4	0.372 7	−0.915 1	0.900 2	−0.221 5
Sentiment	275	10.711 0	5.311 2	4.043 6	80.999 8	10.049 5

为了更清晰地了解投资者情绪相关指标的描述性特征，首先描绘样本观测期内股吧文本情绪的三维散点图，如图 7.2 所示。在情绪强度、情绪极性及情绪集中度确定的三维空间中存在少部分异常的情绪状况。例如，2017 年 11 月 16 日的情绪强度由 15 日的 2 479.68 骤然增加至 169 187，仍然保持消极的情感极性，集

中度也极速削弱。这与惨淡的股市盘面密不可分，上证指数一度低穿 3 400 点，创业板收盘时下跌 1.52%，严重动摇了投资者的投资热情。

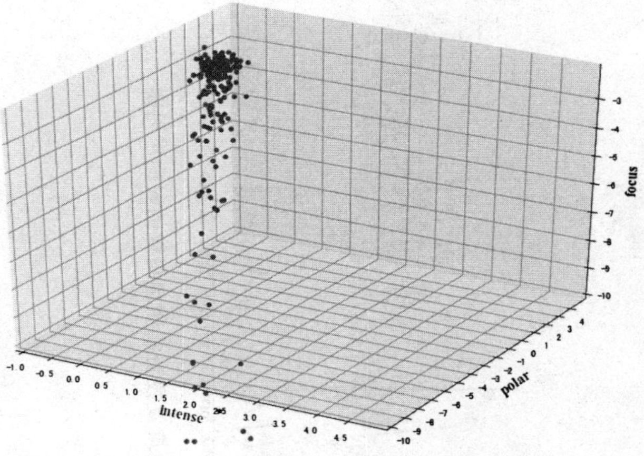

图 7.2　股吧文本情绪的三维散点图

在图 7.3 中，中间的虚点线是投资者关注度的时间序列图，最上端的虚线是互动度的时间序列图，而最下端的实线是投资者情绪指数的时间序列图。观察折线图发现，投资者关注度及投资者互动度的变化趋势在样本期内相互吻合，在数值上互动度要强于关注度。对于体现综合性的投资者情绪指数，总体没有显现出很强的上升或者下降趋势，指数大小普遍活跃在 0 至 20 之间。其中，最突出的时间点为 2017 年 11 月 16 日，该日低开走低，股票价格指数较前 3 个交易日收盘分别下跌 48.59 点、30.3 点、3.27 点，市场变化促使投资者文本情感值的增多，情绪强度异常加大，从而引起综合指数出现骤变。

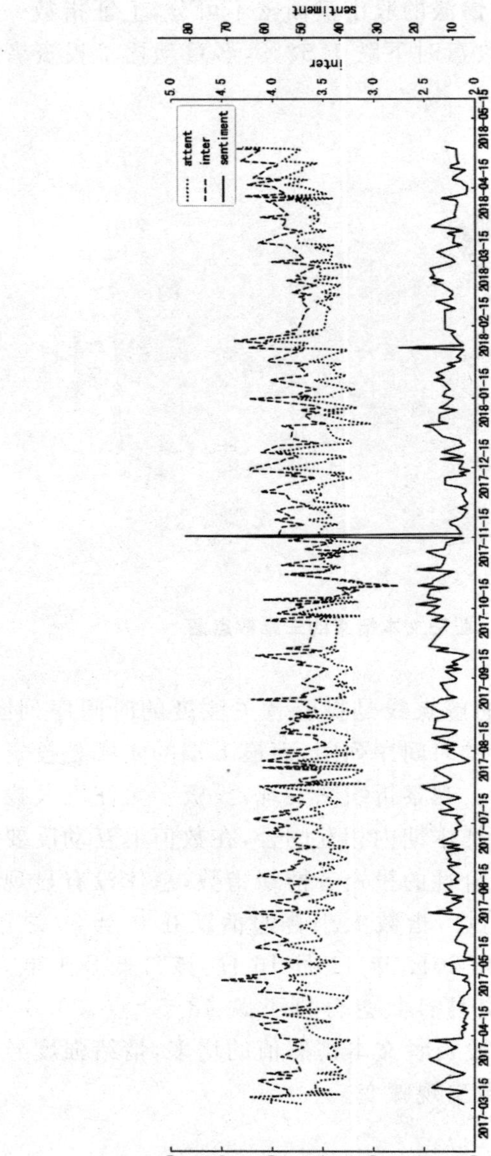

图 7.3 投资者关注度、投资者互动度及投资者情绪指数的时间序列图

7.2　投资者情绪与市场表现指标相关性分析

为了观测投资者网络情绪与市场表现指标之间紧密程度，将情绪相关指标与股票市场价格指数（price）、涨跌幅（change）、市盈率（PE）、换手率（turn）、波动率（vol）、成交量（trade）、收益率（return）和股票市值（value）联系起来进行相关性分析。采取 Spearman、Pearson 和 Kendall T 3 种相关性分析方法，借助 Stata/SE 14.0 统计软件得到的结果分别如表 7.3、表 7.4 及表 7.5 所示。

表 7.3 是股吧文本情绪的三维指标与市场表现指标的相关系数表。总体而言，在 10%的显著性水平下，情绪强度、情绪极性及情绪集中度与各市场表现指标的相互关系显著且在不同的相关性分析方法下结论吻合。从股吧文本的情绪强度来看，与股票价格指数、市盈率、换手率、收益率及股票市值的正向相关性显著。从股吧文本的情绪极性来看，情绪极性与波动率的 Spearman 相关系数为－0.238 5 且在 1%水平显著相关，表现出情绪极性和波动率存在负向关系。从股吧文本的情绪集中度来看，情绪集中度与股票收益的相关系数最大且具有显著性，可以认为情绪集中度与股票收益的关系最为密切。

表 7.4 是投资者关注度及互动度与市场表现指标的相关系数表。从相关性系数来看，投资者关注度与股票价格指数、涨跌幅、市盈率、成交量、收益率及股票市值存在负相关关系，其中股票价格指数的反应最显著。投资者的关注一定程度上反向影响了股票的市场表现，证实了网络背景下噪声交易者的存在。投资者互动度与投资者关注度的相关分析结果基本雷同，互动度的加强并不能提升股市的整体表现，体现舆情监控中投资者并非完全理性。

表 7.3 股吧文本情绪与市场表现指标的相关系数表

指标	intense			polar			focus		
	(1)	(2)	(3)	(1)	(2)	(3)	(1)	(2)	(3)
price	0.321 8***	0.077 8***	0.225 0***	0.504 4***	0.493 1***	0.349 7***	0.162 9***	−0.086 2*	0.114 5***
change	0.127 9**	−0.063 1**	0.087 8**	0.506 1***	0.422 3***	0.337 1***	0.196 3***	0.119 5**	0.130 4***
PE	0.146 2**	0.016 6**	0.100 7**	0.262 8***	0.140 6**	0.172 9***	0.185 6***	−0.002 9*	0.126 1***
turn	0.109 3*	0.018 8*	0.073 8*	0.134 4**	0.105 8*	0.087 4**	−0.04 4*	−0.045 1*	−0.033 6*
vol	−0.148 0**	−0.052 2**	−0.100 7**	−0.238 5***	−0.217 8***	−0.155 8***	−0.119 8**	0.046 6*	−0.088 9**
trade	0.128 2**	−0.006 5**	0.088**	0.177 5***	0.146 5**	0.118 1***	−0.028 9*	−0.03*	−0.019 9
return	0.128 2**	0.063 4**	0.087 9**	0.506 6***	0.422 5***	0.337 5***	0.197 3***	0.119 8**	0.131 0***
value	0.267 9***	0.073 8***	0.182 5***	0.366 2***	0.339 3***	0.251 0***	0.063 3*	−0.091 3*	0.041 4*

注：列(1)、(2)、(3)分别代表 Spearman、Pearson 和 Kendall T 的相关系数；*、**、*** 分别表示相关系数在 10%、5%和 1%的水平(双侧)上显著，下同。

表 7.4　投资者关注度及投资者互动度与市场表现指标的相关系数表

指标	attent			inter		
	(1)	(2)	(3)	(1)	(2)	(3)
price	−0.453 4***	−0.449 5***	−0.314 2***	−0.480 0***	−0.473 8***	−0.339 8***
change	−0.198 2***	−0.234 8***	−0.136 1***	−0.255 9***	−0.272 6***	−0.173 0***
PE	−0.391 1***	−0.217 0***	−0.271 6***	−0.326 5***	−0.182 1***	−0.221 6***
turn	−0.041 1	−0.032 4	−0.027 5	−0.024 5	0.015 7	−0.012 1
vol	0.323 3***	0.326 4***	0.219 0***	0.301 9***	0.278 9***	0.205 8***
trade	−0.078 6	−0.056 1	−0.052 5	−0.064 5	−0.003	−0.039 7
return	−0.198 7***	−0.234 9***	−0.136 6***	−0.256 2***	−0.272 7***	−0.173 3***
value	−0.249 0***	−0.225 7***	−0.167 6***	−0.321 3***	−0.282 5***	−0.217 0***

表 7.5 是投资者情绪指数与市场表现指标之间相关系数表。在所有的市场表现指标中，波动率不同于其他指标，与投资者情绪指数呈现显著负向相关性，Pearson 相关系数为−0.152 0。情绪综合指数与股票市场表现指标结合，相关关系显著。具体而言，这可以解释为：综合性情绪指数上涨，能够带来股票价格指数、涨跌幅、市盈率、换手率、成交量、收益率及股票市值的上扬，而股票波动性会随之缓和，整体的市场表现趋于良好。

表 7.5　投资者情绪指数与市场表现指标的相关系数表

指标	Sentiment		
	(1)	(2)	(3)
price	0.483 7***	0.330 4***	0.330 3***
change	0.476 8***	0.187 6***	0.318 5***
PE	0.223 3***	0.084 4*	0.147 3***
turn	0.146 9**	0.083 4*	0.097 3**
vol	−0.220 4***	−0.152 0**	−0.142 8***
trade	0.180 6***	0.086 0*	0.119 7***
return	0.477 3***	0.187 5***	0.318 7***
value	0.370 5***	0.249 8***	0.253 5***

综合来看，基于网络文本挖掘的投资者情绪各指标与市场表现指标之间具有显著的相关关系。相关情绪指标与股指的相关性强于其他指标，同时呈正向性。投资者情绪对波动率的系数中负数值却占绝大部分，这说明情绪越积极，短期内股票波动率越容易降低。由此，可判定网络舆情视角下投资者情绪是股票市场风险的重要影响因素，从而为下文进行风险预警分析夯实基础。

7.3 投资者情绪对股票市场风险预警的实证分析

7.3.1 预警能力的评估标准

对于预警能力检验，必须要有科学性评估方法。只有经过科学、有效评估方法的检测，才能说明模型可行且实用。给定测试集下，本研究以预警精度（Accuracy）、查准率（Precision）、召回率（Recall）及 F_1 指数为评估指标，进而利用 SVM 算法对于风险等级判定结果完成科学评估过程。

现有的文献中，普遍用预警精度指标来表现整体样本的预警能力。预警精度（Accuracy）由下面的公式得到：

$$Accuracy=\frac{True\_n}{Truen\_n+False\_n}\times 100\% \tag{7.1}$$

其中，$True\_n$ 为预警准确的样本数量，$False\_n$ 为预警错误的样本数量。由此可见，预警精度指标可以科学地反映风险预警模型对所有样本数据预警的准确率，能够实现模型评估的功效。精度值越高，说明模型的预警效果越好；反之，精度值较低，体现预警能力较差。

此外，查准率、召回率及 F_1 指数值等评估指标也应用于分类研究，对非均衡数据评估的效果尤为凸显。倘若样本存在正负两类，则评估结果会出现四类情况：TP 类样本为正、预测结果为正；

FP 类样本为负、预测结果为正；TN 类是样本为负、预测结果为负；FN 类是样本为正、预测结果为负。查准率是正确预测为正类个数占预测为正样本数的比例，召回率的分母与查准率不同，是原来样本中所有的正样本数，公式如(7.2)和(7.3)所示。由于查准率和召回率相互影响，F_1 指数是查准率和召回率的调和平均，期望寻找一个均衡点，公式参见(7.4)。

$$Precision=\frac{TP}{TP+FP} \tag{7.2}$$

$$Recall=\frac{TP}{TP+FN} \tag{7.3}$$

$$F_1=\frac{2Precision\times Recall}{Precision+Recall} \tag{7.4}$$

理想状态下，Precision 和 Recall 两者越高越好，但是某些情况下两者无法统一，而这时候 F_1 指数发挥作用。一般而言，F_1 指数的值越大，说明预警效果越佳，模型更优越。

7.3.2　SVM 预警模型的可行性分析

为了检验 SVM 模型对股票市场风险预警的优越性，首先采用 10 折交叉验证方法得到常见预警模型的平均准确率，在多次试验中确定最佳的预警模型。常见的预警模型包括传统的 Logistic 模型及机器学习方法中的 K 近邻(KNN)模型、决策树(DT)模型、随机森林(RF)模型、梯度提升回归树(GBRT)模型、朴素贝叶斯(NB)模型、神经网络(BP)模型及支持向量机(SVM)模型。为了寻找最佳的预警模型，以所有预警指标作为输入指标。利用 Python 中 sklearn 库的各模型类得到表 7.6 常见预警模型的实验结果，从而实现 SVM 预警模型的可行性分析。

表 7.6　常见预警模型的实验结果

模型名称	参数设置	交叉验证平均准确率%		训练集 Accuracy%		测试集 Accuracy%	
		A	B	A	B	A	B
Logistic 模型	*penalty*=*l*2,*C*=1	51.44	52.34	62.66	63.09	52.38	42.86
K 近邻模型	*n_neighbors*=12	65.23	72.98	75.97	80.69	57.14	80.95
决策树分类模型	*max_depth*=4	58.30	60.46	79.40	85.41	61.90	61.9
随机森林模型	*n_estimators*=80	57.05	67.40	100.0	100.0	69.05	83.33
梯度提升回归树	*learning_rate*=0.01	54.50	58.27	88.41	92.27	69.05	71.43
朴素贝叶斯模型	*BernoulliNB*,*alpha*=100	53.77	53.68	60.09	59.66	57.14	59.52
神经网络模型	*solver*=*lbfgs*,*alpha*=0.1	57.92	93.26	89.70	100.0	66.67	90.48
支持向量机模型	*kernel*=*rbf*,*C*=4,$\gamma=2^{-5}$	59.89	82.49	75.54	95.71	71.43	90.48

注:A 组是基于市场表现指标的实验结果,B 组是引入投资者情绪指标的实验结果。

从表 7.6 中交叉验证得到的平均准确率来看,无论单纯基于市场表现指标还是结合投资者情绪指标,传统 Logistic 模型远远比其他低,这是因为 Logistic 模型本质上是线性关系的变型,仍受制于线性相关性。而在其他机器学习中,神经网络模型的预警准确率最高,然而其训练集的预警精度达到 100%,对训练集数据呈“过拟合”表征;支持向量机模型虽然平均准确率次于神经网络模型,但是在测试集上表现的预警效果相当,还能够实现全局极值、降低过拟合;此外,KNN 模型、DT 模型、RF 模型、GBRT 模型及 NB 模型的平均准确度都低于 80%,表现出不同程度的“欠拟合”或“过拟合”问题,并未对股票市场风险表现出良好的预警能力,其中 KNN 算法过于简单,RF 和 GBRT 模型基于决策树模型进行集成学习的训练时间很长。进一步来讲,基于 SVM 的预警模型对训练集、测试集的预警精度均超过 90%,泛化能力较好,说明该模型在风险预警中能够发挥强有力的风险预警作用。与此同时,将投资者情绪引入到其他常见风险预警模型普遍有类似效果。本研究拟基于 SVM 算法,摸索更适合股市风险识别的预警模型。

在 SVM 模型预警过程中，核函数的确定和参数设置是关键性环节。本研究在线性核函数、径向基核函数、多项式核函数及 Sigmoid 核函数之间做出抉择，对比结果如图 7.4 所示。整体上，训练集预警精度普遍高于训练集精度。对比不同核函数，径向基(RBF)核函数无论在训练集样本还是测试集样本中预警效果均最优。于是，选择 RBF 核函数进一步预警股票市场风险。

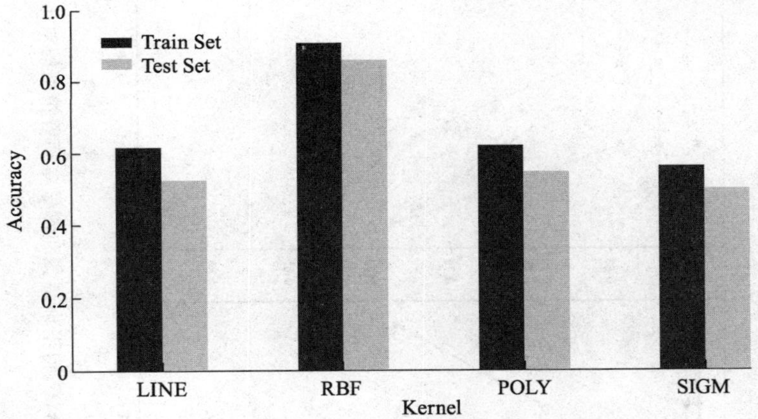

图 7.4　不同核函数(Kernel)下训练集和测试集预警精度的对比图

图 7.5 展示不同参数组合(C,γ)下训练集和测试集基于径向基核函数的预警精度状况。观察图 7.5(2)发现，在测试集中存在三个参数组合点，其预警精度相同且达到最高值，坐标分别为($8,2^{-6}$)、($4,2^{-5}$)、($1,2^{-3}$)，于是模型参数在这三个组合点中寻优，再对比这三个组合点上训练集的预警精度做出合理抉择。图 7.5(1)显示，当惩罚系数 C 为 4，γ 为 2^{-5} 时，训练集的预警精度最高，Accuracy 的值为 95.71%；惩罚系数 C 为 1，γ 为 2^{-3} 时，训练集预警精度次之，Accuracy 的值为 94.85%；惩罚系数 C 为 8，γ 为 2^{-6} 时，训练集预警精度最次。

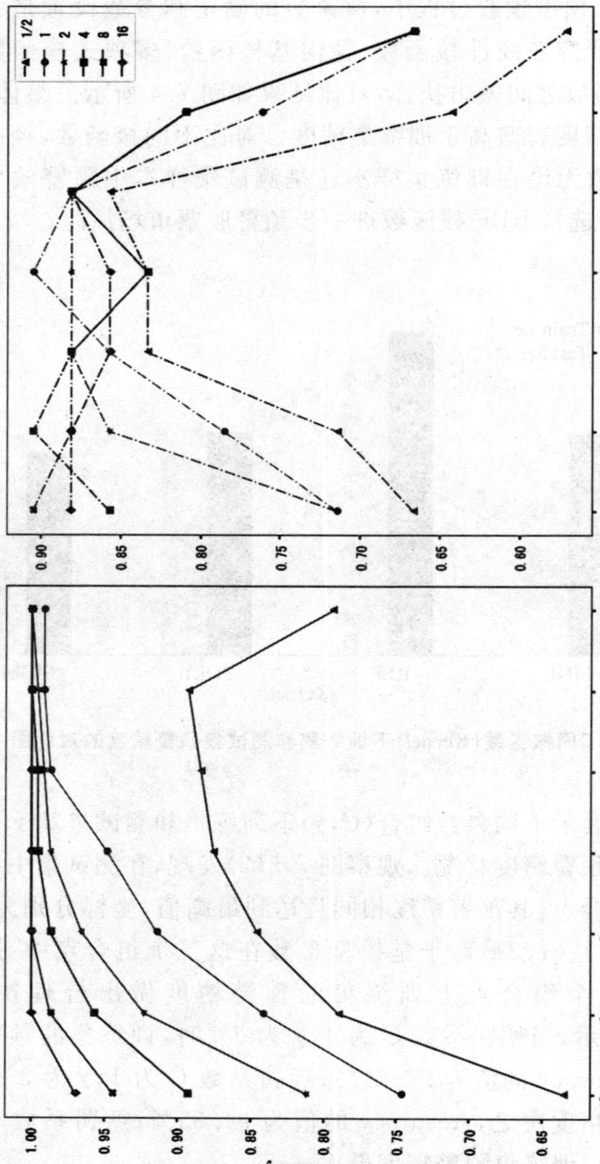

图 7.5　不同参数组合(C,γ)下训练集和测试集预警精度的对比图

综合上述分析，SVM 预警模型较其他模型具有优越性，预警能力显著，能够应用于股票市场风险的预警研究。根据预警精度进行参数寻优，最终可以确定一个最佳 SVM 预警模型，该预警模型的核函数为径向基（RBF）核函数，筛选最佳的惩罚系数 C 为 4，参数 γ 为 2^{-5}。下面章节将基于此最佳 SVM 预警模型完成对市场表现指标及投资者情绪指标的预警能力分析。

7.3.3　市场表现指标的预警能力分析

前文已经基于 SVM 构造两类预警模型，其中模型一的目的是单纯检验市场表现指标对股票市场风险的预警能力。模型一首先将训练集各市场表现指标作为输入数据，此时的股票市场风险等级作为目标的输出数据；然后，将剩余的测试集样本数据输入到类似于“黑箱”的股票市场风险预警模型中，借助于 SVM 算法能够发出股票市场风险的预警信号；最后根据评估标准可以考察市场表现指标的预警能力。由此，利用上一章节确定的最优化参数对 42 个测试样本进行预警能力分析。

表 7.7 给出了基于 SVM 模型，非均衡数据下市场表现指标对股票市场风险等级的分类结果，包括训练结果和测试结果。从表中可以看出，不同等级的风险水平下 SVM 模型的预警性能不一致，呈现“非均衡”特征。横向对比训练集、测试集分类结果，测试集的容错能力更强。纵向来看，SVM 模型对Ⅳ级“低风险”状态预警时，评估模型性能的查全率、召回率及 F_1 指数都优于其他三种风险状态，而Ⅰ级和Ⅱ级样本中模型对风险预警的灵敏度有待提升。对于测试集，危机风险和高风险样本出现极端分类结果，这可能是由样本分布不均导致的。根据公式(7.1)计算，得到训练集和测试集的预警精度分别达 75.54％和 71.43％，与其他评估指标的评测结果相差无几。

表 7.7 非均衡数据下市场表现指标的预警结果

风险等级	Train Set			Test Set		
	Precision	Recall	F_1	Precision	Recall	F_1
Ⅰ级	1.00	0.50	0.67	0.00	0.00	0.00
Ⅱ级	1.00	0.10	0.18	0.00	0.00	0.00
Ⅲ级	0.70	0.70	0.70	0.59	0.81	0.68
Ⅳ级	0.78	0.91	0.84	0.85	0.71	0.77
均值	0.77	0.76	0.73	0.71	0.71	0.70

为了更加直观地考察市场表现指标视阈下SVM预警模型的整体预警效果，本研究将股票市场风险的真实状态与预警模型分类的结果加以比较，见图7.6中的(1)和(2)。横坐标是测试集内所有交易日的时间，以日为单位；纵坐标是表示风险状态的等级。图7.6(1)用来表现实际的风险等级，而图7.6(2)展示SVM模型预警的结果，其中圆点表示预警的分类，五角星型点反映模型错判的实际分类点。给定测试集的样本数据，错误的预测股票市场风险的状态等级，会对股市乃至整个经济系统造成巨大损失。通过观察图7.6(2)，被模型误判的样本数为12个，误判主要有两种情况：一种是预警低于实时风险水平的情况，如2018年3月6日、3月12日、3月22日、4月13日及4月23日的表现，导致市场参与者对风险监控放松警惕，无法精确感知到市场风险的变化动向；另一种是预警高于真实风险水平的情况，如2018年3月16日、3月26日、3月27日、3月30日、4月2日、4月19日及5月3日的市场表现，预警失灵致使投资者过度紧张，缺乏投资信心，进而保持观望态度。

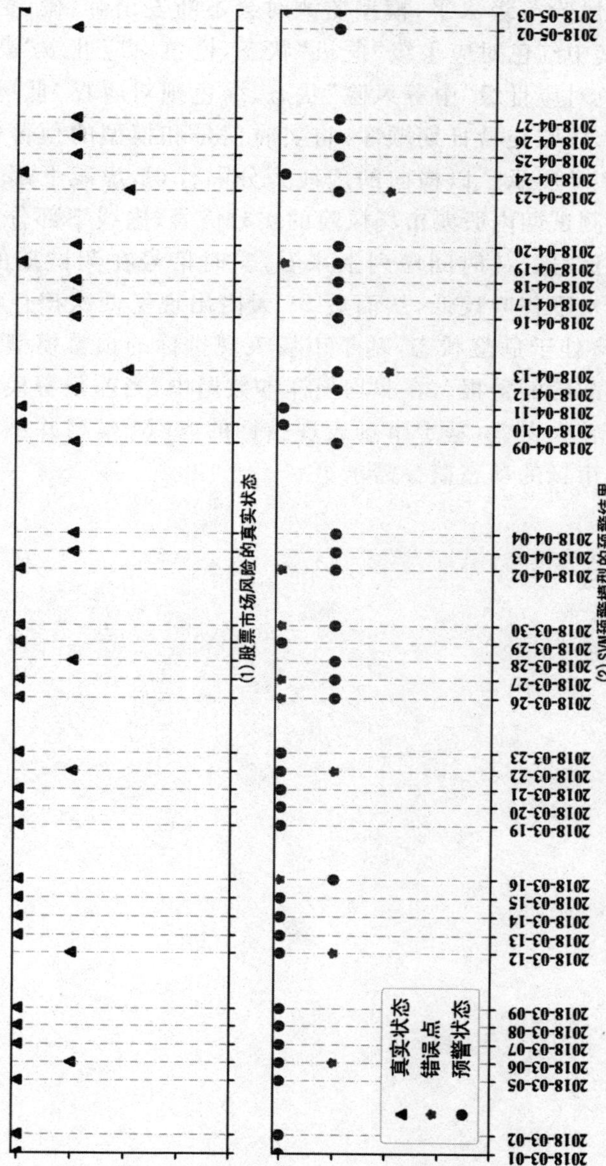

图 7.6　市场表现指标的预警效果图

根据风险等级水平，模型监测时会不断发出红、橙、黄、绿四种信号，其中红色对应Ⅰ级“危机”状态，橙色对应Ⅱ级“高风险”状态，黄色对应Ⅲ级“中等风险”状态，绿色则对应Ⅳ“低风险”状态。据此，按照交易日期顺序，将实时信号和模型的预警信号标注，如图 7.7 所示。以横向的虚线为分隔标识，虚线上部分的信号条反映测试期内股票市场风险的实时信号，虚线下部分则是模型的预警信号。从时间序列上来看，实时信号在测试期的前 21 天内风险水平普遍较低，然而后 21 天内出现了两次橙色（Ⅱ级）警情，风险处于危险状态，基于市场表现指标的预警模型并没有对此发出准确的警报。在非均衡样本数据中，当前预警模型的预测仍存在较大误差，基于市场表现指标的 SVM 模型并不能真正满足股票市场的动态监控需求。

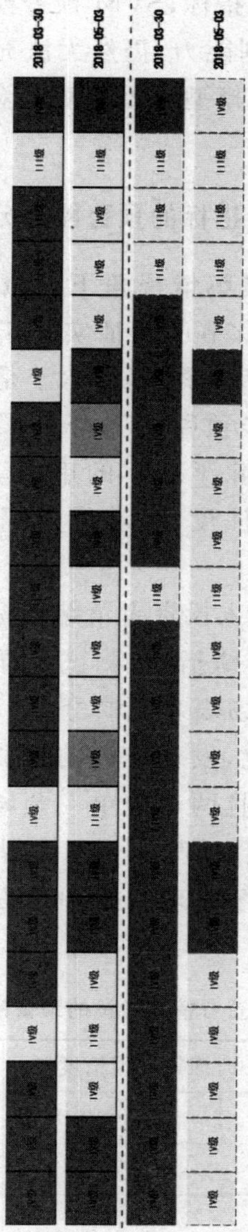

图 7.7　基于市场表现指标的预警信号图

由上可知，基于市场表现指标，SVM 预警模型的风险响应效果一般，具有一定的风险识别能力，仍然无法充分满足动态风险管理的要求。非均衡数据下，模型一无法使风险样本的极端分类结果好转。

7.3.4 引入投资者情绪指标的预警能力分析

本研究的立足点是网络舆情视角下投资者情绪对股票市场风险的预警分析，而 7.2 章节已经证实基于网络文本挖掘的投资情绪与股票市场表现存在紧密联系，于是下面引入投资者情绪指标对风险进行进一步预警能力分析。从模型二的基本形式来看，输入的预警指标除了基本的市场表现指标外，还增添股吧文本情绪、投资者关注度、互动度及综合性的情绪指数等相关情绪指标。

表 7.8 展示了模型二引入投资者情绪指标对股票市场风险的预警精度。引入投资者情绪指标，测试集样本的预警精度达到 90.48%，要远远高于市场表现指标下的 71.43%。与市场表现指标的预警结果做对比，发现单一的投资者情绪指标对股市风险的预警效果欠佳，并且两者的单一预警能力明显次于两者综合后的预警模型。显然，模型二引入情绪指标后的泛化能力最佳。因此，下面结合市场表现指标和投资者情绪指标来管控股票市场风险。

表 7.8 引入投资者情绪指标的预警精度

指标	训练集预警精度%	测试集预警精度%
市场表现指标	75.54	71.43
投资者情绪指标	66.52	61.90
市场指标 & 投资者情绪指标	95.71	90.48

表 7.9 给出了基于 SVM 模型，非均衡数据下的市场表现及

投资者情绪指标对股票市场风险等级的分类结果，包括训练结果和测试结果。比较表7.7和表7.9发现，非均衡样本数据下查准率、召回率及F_1指数的值都变大，这说明模型二整体提升了模型的预警能力，与预警精度反映的结果保持一致。横向对比训练集、测试集的结果，训练效果仍然更好些。纵向对比不同等级的水平，模型二对测试集中Ⅳ级"低风险"样本的分类结果仍然最好，Ⅱ级和Ⅲ级样本的分类结果次之且效果显著，而Ⅰ级样本由于样本数量较少预警的能力最为欠缺。这说明引入投资者情绪的预警模型能够更好地识别中低风险样本的特征，但是无法准确识别危机或者高风险样本的特征。

表7.9　非均衡数据下引入投资者情绪指标的预警结果

风险等级	Train Set			Test Set		
	Precision	Recall	F_1	Precision	Recall	F_1
Ⅰ级	1.00	1.00	1.00	0.00	0.00	0.00
Ⅱ级	1.00	0.90	0.95	0.50	0.50	0.50
Ⅲ级	0.97	0.92	0.94	0.88	0.94	0.91
Ⅳ级	0.94	0.99	0.97	0.96	0.92	0.94
均值	0.96	0.99	0.96	0.91	0.90	0.91

图7.8给出引入投资者情绪指标后，股票市场风险的真实状态与预警状态的对比效果图。在42个测试集样本数据中，共发出4次错误的风险警报，时间点分别为2018年3月6日、4月13日、4月19日及5月3日。2018年3月6日和4月13日，SVM模型预警的风险水平偏低，投资者不能及时做出防范措施；2018年4月19日和5月3日风险水平被预估的偏高，对风险变化反应过度灵敏，会给股票市场中投资者带来压力。

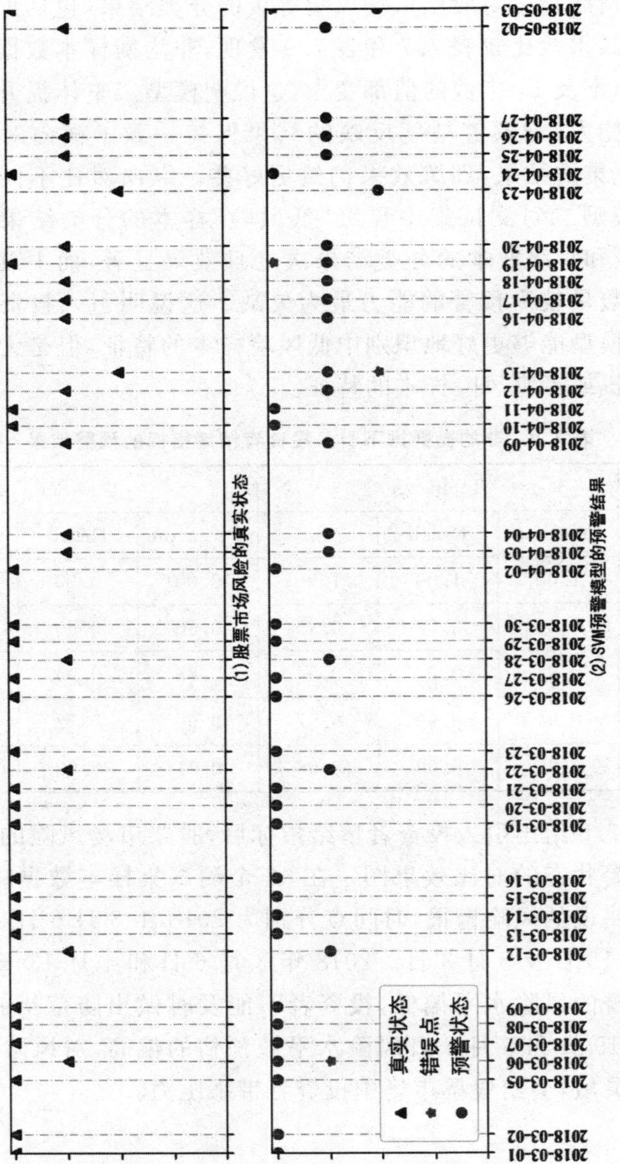

图 7.8 引入投资者情绪指标的预警效果图

图 7.9 进一步展示引入投资者情绪指标后发出的预警信号比对图。从信号的色系来看，测试期的前 21 天内预警信号与实时信号基本吻合，同时股票市场普遍处于中低风险状态。然而，测试期的后半段时间发出黄色（Ⅲ级）和橙色（Ⅱ级）信号的次数增多，一定程度上反映股市风险加重甚至有恶化的趋势。从整个信号条的对比可以发现，预警模型能够提前感知到股票市场短期内存在股价下跌的可能性，风险系数会加大。进一步而言，将图 7.9 与图 7.7 的信号条进行比对，引入投资者情绪指标的 SVM 模型不仅对整体样本下风险分类的能力有所提升，而且改善了橙色（Ⅱ级）警情的预警效果。

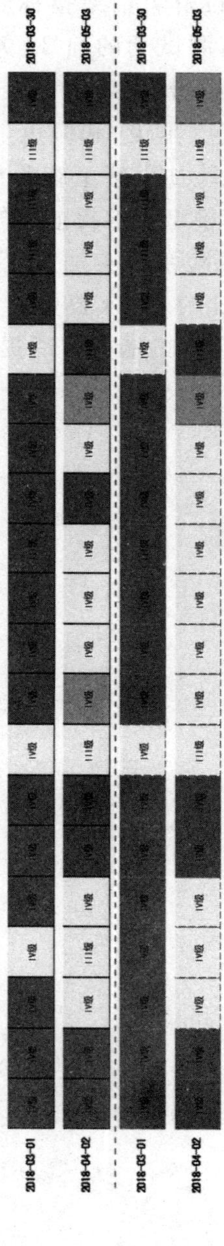

图 7.9　引入投资者情绪指标的预警信号图

结合上述实证研究，引入投资者情绪指标的 SVM 预警模型具有明显的优越性。对于测试集，模型二的预警精度高达 90.48%，误判的次数减少，会提升预警的灵敏性。究其原因可能是：首先，投资者情绪与股市息息相关，情绪变动直接影响对风险态度，非理性投资行为会影响股票市场的整体运行状况；其次，网络舆情反映投资者的情绪信息更加真实、更加全面。投资决策时，投资者不只是单一地关注股票市场的整体表现，还会通过社交媒体、财经新闻、股吧评论的交流产生主观倾向或者盲目随从行为；此外，SVM 预警模型更利于风险识别，泛化能力较强，有助于处理非线性的股市数据。依据引入投资者情绪的 SVM 预警模型，能够向市场参与者实时发出有效的警报，提醒风险监管部门、投资者等关注股票市场风险的相关诱因，从而实施后续的风险监控。

7.4　本章小结

本章是本研究的核心部分，实现了基于文本挖掘的投资者情绪对股票市场风险预警的实证分析过程，主要包括三大节内容。第一节描述投资者情绪和市场表现指标的统计特征。从市场表现指标的描述性统计结果中判定样本期内股票市场有下行趋势，而网络信息视角下投资者情绪分散性较强。第二节是投资者情绪和市场表现指标的相关性分析。采用 Spearman、Pearson 和 Kendall T 3 种分析方法证实基于文本挖掘的投资者情绪与股票市场存在千丝万缕的联系，这为下文风险预警监管奠定基础。第三节是投资者情绪对股票市场风险预警的实证分析，其中囊括预警能力的评估标准、SVM 模型的可行性分析、市场能力指标及引入投资者情绪的预警能力分析等过程。以预警精度、查准率、召回率以及 F_1 指数科学评估模型的预警效果，结果发现：SVM 预警模型较其他常见分类模型有很大优势，核函数为径向基（RBF）、惩罚系数为 4、γ 为 2^{-5} 时能够基于 SVM 确定一个最佳股票市场风险预警模型；市场表现指标和投资者情绪的综合指标体系下测试集的预警精度高达 90.48%，不仅增强了非均衡数据集下风险分类的结果，而且优化了单一指标的预警效果。

第8章 结论、建议与展望

毋庸置疑，股票市场是一个复杂的非线性系统。股票市场的风险不仅受到股价波动、流动性变化、股市交易规模等影响，受到经济景气程度、政策调整及宏观经济环境的影响，还受到微观视角下投资者乐观偏好、过度自信、羊群效应等主观性情绪的影响。互联网时代，网络中蕴含着丰富的金融信息和投资者的情感信息，各社交网络平台、财经新闻或股吧论坛日益成为投资者获取信息、互动交流的重要场所。网络舆情中投资者情绪对资本市场的影响不容小觑。我国经济正值供给侧结构性改革的关键时期，互联网金融与传统实体金融相互碰撞，股票市场隐藏着许多风险隐患。于是，本研究从行为金融的角度出发，利用从网络舆论中测度出的投资者情绪来研究投资者的投资决策行为及其对股票市场风险的预警具有理论意义和实践价值。

结合投资者情绪及风险预警相关理论，本研究以 2017 年 3 月 17 日至 2018 年 5 月 3 日期间上证指数股吧信息为切入点，创造性地从股吧文本三维指标、投资者关注度和互动度出发，多角度测评投资者情绪。基于此，巧妙地应用支持向量机算法实证考察投资者情绪对股票市场风险的预警能力，得到的主要结论如下：

(1) 投资者发帖存在"交易日"效应。根据 554 186 条有效股吧帖的文本情感统计结果发现，交易日用户发帖行为的频率较高，由此可知，投资者更倾向于在股票开市期间流露情绪。

(2) 基于网络文本挖掘的投资者情绪表现出短期时效特征。从市场表现和投资者情绪指标的特征描述来看，2018 年以来股票市场呈下行趋势，市场波动加剧，股吧文本中情绪差异很大，但对市场保持着稳定的关注度和互动度。对于投资者情绪指数，日波动频繁，季度、年度波动相对平稳，短周期波动显著。

(3) 网络金融文本中含有的投资者情感与股票市场表现之间具有联动性，为风险预警监管奠定基础。通过观察 Spearman、Pearson 和 Kendall T 相关系数大小和显著性状况后发现，投资者的网络情绪与股价指数的正向联动性最强，对股价波动有一定的抑制作用。

(4) 与经典统计模型及神经网络等机器学习方法相比，支持向量机在股票市场风险预警研究中的实用价值更高。通过交叉验证，SVM 算法巧妙地避开过拟合问题，表现出很强的非线性处理能力以及泛化能力。与人工神经网络不同的是，SVM 专注于处理小样本数据。本研究确定了一个有效的 SVM 股票市场风险预警模型，其核函数为径向基(RBF)，筛选得到的最佳惩罚系数 C 为 4，参数 γ 为 2^{-5}。

(5) 引入投资者情绪的 SVM 预警模型对股票市场风险具有优越的预警性能。基于网络文本挖掘的投资者情绪不仅是股票市场风险预警的重要影响因素，还能够有效提升单纯基于市场表现指标模型的预警效果。基于投资者情绪的 SVM 预警模型回测的精度高达 90.48%，查准率、召回率及 F_1 指数普遍提升。它不仅改进了非均衡数据集下风险分类的结果，而且优化了单一指标的预警效果，能够满足股票市场动态风险监控的要求。

股票市场风险的有效监控是金融风控中的重要研究课题，从上述结论可以知晓网络文本挖掘出的投资情绪能够发挥一定的预警作用。基于此，提出如下建议：

首先，应健全投资者情绪的测评系统，定期发布中国股市投资者情绪指数报告。全方位的情绪测评体系能够从多角度描绘出投资者的情绪特征。无论是投资者情绪传统的测度方法还是基于网络文本挖掘的测度方法，发布权威性的投资者情绪指数报告能够直观地表现投资者的情绪动向，不但为投资者进行投资活动提供战略依据，还方便市场监管者从整体上感知投资者情感，判别出异常情绪，进而有助于市场风险的管控。

其次，应加强金融网络舆情监控，重视网络安全。我国的股票市场中散户占绝大多数，处于信息劣势一方，容易受到网络舆情的影响而做出非理性决策行为，会阻碍经济运行状况。在网络环境下，我国股票市场面临的风险隐患增多，一旦股票市场风险被触发，不仅危害股市的整体发展，还会给我国经济带来巨大损失。市场监管部门应该把注意力集中到网络信息对股票市场的影响以及市场风险预警机制等方面。网络金融产品如雨后春笋般涌现，舆情监管在一定程度上能够防范金融欺诈，巩固互联网经济的发展。当下股民与网民的高度耦合，网络安全问题应引起重视。

再次，应密切关注人工智能中文本挖掘、机器学习及深度学习算法的演进，为监控股票市场风险寻求合适的预警工具。股票市场风险是一个复杂的非线性系统，以支持向量机为代表的机器学习算法等对非线性问题的处理能力不断增强，能够优化预警性能。

最后，应该规范化网络用语，降低网络文本中的噪声。网络用语是互联网的产物，互联网与传统金融行业的冲击与融合，在财经类论坛中积聚了许多不规范用词，有的融合不同国家的语言，有的无视传统语法，具有很强的随机性，提高了文本情感分类的难度。为了更精确地从网络文本中获取投资者的情感倾向，需要统一规范网民兼投资者的网络用语，提高文本情感分类的准确度。

长期以来，关于股市风险预警的研究备受学术界的关注。以投资者情绪为代表的行为金融学思想逐步被投资者所认知。本研究探索性地利用网络文本挖掘技术对情绪进行数值化，并将网络舆情下的投资者情绪应用到股票市场风险的 SVM 预警模型中，显著提升单纯基于市场表现指标或者单纯的投资者情绪指标模型的预警能力。受自身学术能力和技术实力限制，本研究还存在几点不足之处，需要后续进行进一步探究。

第一，测度投资者情绪的样本数据欠缺对于整体股市舆情信息的掌控。信息来源于东方财富网上证指数吧，仅以此考察沪市投资者的情感动向还不够全面，在一定程度上忽视了深市乃至国际金融市场的整体情绪变化。网络浪潮中，东方财富网的股吧文本信息只占一小部分，如何整合金融网络体系中的舆情信息是一项具有挑战性的工作。

第二，金融文本情感词典缺乏广泛的认可度。虽然前文已经拓宽了情感词典的范围，但仍不能够覆盖社交媒体千变万化的情感词。再者，基于情感词典的情感分类虽然效果较好，但是耗时较长，无法及时捕捉投资者的情绪变化。

第三，网络文本信息具有很强的时效性，由此测度的投资者情绪对股票市场风险预警同样也受到时间约束，只能进行短期预警。文本数据量过大且网页结构更新速度快，给数据的获取带来难度，需要不断修改爬虫代码并积极应对反爬机制，实现多任务信息获取。

第四，非均衡数据下，SVM 预警模型容易出现极端分类结果，这是由于样本的不均匀分布造成的。除了投资者情绪外，本研究考察的预警变量相对有限，可能引发内生性问题。

本研究已经系统性地探究了基于网络文本挖掘的投资者情绪在股票市场风险的可预警作用，但是针对研究中的不足之处，还有许多工作亟待完成，主要包括：

第一，扩大金融文本信息源，对比分析不同信息源上的用户特征和预警效果。除了上证指数吧这样的股吧文本，还存在许多专业性的金融文本，如行业研究报告、财经新闻、知名分析师博主的论坛及 QQ、微信中经济类公众号推广文本。

第二，构造一个权威的金融范畴情感词典。本研究经人工整合的金融文本情感词典，其认可度不足，然而网络情感用词不断地丰富，利用权威、全面的金融领域情感词典进行情感分析，可信服度才会增强。

第三，探究网络文本信息时效性，及其他对股市风险预警的影响。网络中的金融信息更新速度过快，如何与时俱进地进行风险监控值得深究。

第四，进一步利用机器学习法区别分析情绪的理性部分和非理性部分对股票市场风险的预警效果，特别是对于样本外检验的利用。投资者具有异质性，存在理性情绪部分和非理性情绪部分，网络舆情下情绪究竟是理性部分对股市风险预警的效果更佳，还是非理性的预警能力更强，这是未来研究的方向之一。

总之，股票市场在互联网环境下存在许多风险隐患，风险预警需要综合考量的因素有很多，如何精确地测度海量网络文本中的投资者情绪，进而准确感知股票市场风险变化动向，发出有效的预警信号，这是未来研究的主要方向，任重而道远。

参考文献

[1] 马刚:《基于语义的 Web 数据挖掘》,东北财经大学出版社,2014 年。

[2] Kumar B S, Ravi V. A survey of the applications of text mining in financial domain[J]. Knowledge-Based Systems, 2016, 114: 128-147.

[3] Ittoo A, Le M N, Bosch A V D. Text analytics in industry: Challenges, desiderata and trends [J]. Computers in Industry, 2016, 78: 96-107.

[4] De Long J B, Shleifer A, Summers L H, et al. Positive feedback investment strategies and destabilizing rational speculation[J]. Journal of Finance, 1990, 45(2): 379-395.

[5] Baker M, Wurgler J. Investor sentiment and the cross-section of stock returns[J]. Journal of Finance, 2006, 61(4): 1645-1680.

[6] Baker M, Wurgler J. Investor sentiment in the stock market[J]. Journal of Economic Perspectives, 2007, 21(2): 129-151.

[7] Lee C M C, Shleifer A, Thaler R H. Investor sentiment and the closed-end fund puzzle[J]. Journal of Finance, 1991, 46(1): 75-109.

[8] Brown G W, Cliff M T. Investor sentiment and the near-term stock market[J]. Journal of Empirical Finance, 2004, 11(1): 1-27.

[9] 王美今,孙建军:《中国股市收益、收益波动与投资者情绪》,

《经济研究》，2004 年第 10 期。
[10] De Bondt W F M，Thaler R. Does the stock market overreact[J]. Journal of Finance，1985，40(3)：793-805.
[11] Cen L，Hilary G，Wei J K C. The role of anchoring bias in the equity market：Evidence from analysts' earnings forecasts and stock returns[J]. Journal of Financial and Quantitative Analysis，2013，48：47-76.
[12] Rau H A. The disposition effect in team investment decisions：Experimental evidence[J]. Journal of Banking & Finance，2015，61：272-282.
[13] Benartzi S，Thaler R H. Myopic loss aversion and the equity premium puzzle [J]. Quarterly Journal of Economics，1995，110(1)：73-92.
[14] Huang Y C，Tzeng L Y，Zhao L. Comparative ambiguity aversion and downside ambiguity aversion[J]. Insurance：Mathematics & Economics，2015，62：257-269.
[15] Sautua S I. Does uncertainty cause inertia in decision making? An experimental study of the role of regret aversion and indecisiveness [J]. Journal of Economic Behavior & Organization，2017，136：1-14.
[16] 叶建华:《"热手效应"和"赌徒谬误"决策偏差与股市极大日收益率异象——基于中国 A 股市场的经验证据》,《管理评论》,2016 年。
[17] 刘柏,王一博:《管理者过度自信异质性与企业投资行为偏差》,《江苏社会科学》,2017 年第 2 期。
[18] Kim Y H. Self attribution bias of the CEO：Evidence from CEO interviews on CNBC [J]. Journal of Banking & Finance，2013，37(7)：2472-2489.
[19] Gavriilidis K，Kallinterakis V，Tsalavoutas I. Investor

mood, herding and the ramadan effect [J]. Journal of Economic Behavior & Organization, 2016, 132: 23-38.

[20] 卞曰瑭,李金生,许露:《网络协调博弈策略下的股市羊群行为演化模型及仿真》,《中国管理科学》,2017 年第 3 期。

[21] 王宗润,潘城城:《基于动态无标度网络的信息策略与羊群行为演化研究》,《中国管理科学》,2018 年第 26 期。

[22] 张向丽,池国华:《企业内部控制与机构投资者羊群行为:"反向"治理效果及异质性分析》,《财贸研究》,2019 年第 1 期。

[23] Fong W M, Toh B. Investor sentiment and the max effect [J]. Journal of Banking & Finance, 2014, 46(3): 190-201.

[24] 熊伟,陈浪南:《股票特质波动率、股票收益与投资者情绪》,《管理科学》,2015 年第 5 期。

[25] Shahzad S J H, Raza N, Balcilar M, et al. Can economic policy uncertainty and investors sentiment predict commodities returns and volatility? [J]. Resources Policy, 2017, 53: 208-218.

[26] 王春:《投资者情绪对股票市场收益和波动的影响——基于开放式股票型基金资金净流入的实证研究》,《中国管理科学》,2014 年第 9 期。

[27] 易志高,龚辉锋,茅宁,等:《分类思维、投资者情绪与股票价格联动》,《管理评论》,2014 年第 4 期。

[28] 黄宏斌,翟淑萍,陈静楠:《企业生命周期、融资方式与融资约束——基于投资者情绪调节效应的研究》,《金融研究》,2016 年第 7 期。

[29] Han X, Li Y. Can investor sentiment be a momentum time-series predictor? Evidence from China [J]. Journal of Empirical Finance, 2017, 42: 212-239.

[30] 孙凌芸,张金林:《投资者情绪与股票市场收益的相关性研究——基于多重分形分析方法》,《金融评论》,2017 年第 5 期。

[31] 郁晨:《投资者情绪理论、度量及应用研究综述》,《金融评论》,2017 年第 9 期。

[32] Greenwood R, Shleifer A. Expectations of returns and expected returns[J]. Review of Financial Studies, 2014, 27(3): 714-746.

[33] 陆静,周媛:《投资者情绪对股价的影响——基于 AH 股交叉上市股票的实证分析》,《中国管理科学》,2015 年第 11 期。

[34] 黄虹,张恩焕,孙红梅,等:《融资融券会加大投资者情绪对股指波动的影响吗?》,《中国软科学》,2016 年第 3 期。

[35] Chiu C, Richard D F H, Evarist S, et al. Financial market volatility, macroeconomic fundamentals and investor sentiment[J]. Journal of Banking & Finance, 2018, 92: 130-145.

[36] 史永东,田渊博,马姜琼,等:《多因子模型下投资者情绪对股票横截面收益的影响研究》,《投资研究》,2015 年第 5 期。

[37] 刘斌,胡菁芯,李涛:《投资者情绪、会计信息质量与股票收益》,《管理评论》,2018 年第 7 期。

[38] 姚尧之,王坚强,刘志峰:《混频投资者情绪与股票价格行为》,《管理科学学报》,2018 年第 2 期。

[39] Frijns B, Verschoor W F C, Zwinkel R C J. Excess stock return comovements and the role of investor sentiment[J]. Journal of International Financial Markets Institutions & Money, 2017, 49: 74-87.

[40] 贺刚,朱淑珍,顾海峰:《中美股市的"创造空间效应"与"弗里德曼效应"比较分析:基于投资者情绪波动影响视角》,

《世界经济研究》,2017 年第 10 期。

[41] Lin C B, Chou R K, Wang G H K. Investor sentiment and price discovery: Evidence from the pricing dynamics between the futures and spot markets[J]. Journal of Banking & Finance, 2018,90:17-31.

[42] 司登奎,李小林,江春:《央行外汇干预、投资者情绪与汇率变动》,《统计研究》,2018 年第 11 期。

[43] 尹海员,华亦朴:《基于实验经济学的投资者情绪对股票流动性影响研究》,《中央财经大学学报》,2018 年第 11 期。

[44] Yang C, Zhang R. Dynamic asset pricing model with heterogeneous sentiments[J]. Economic Modelling, 2013, 33(33): 248-253.

[45] Chau F, Deesomsak R, Koutmos D. Does investor sentiment really matter? [J]. International Review of Financial Analysis, 2016, 48, 221-232.

[46] 俞红海,李心丹,耿子扬:《投资者情绪、意见分歧与中国股市 IPO 之谜》,《管理科学学报》,2015 年第 3 期。

[47] Clarke J, Khurshed A, Pande A, et al. Sentiment traders & IPO initial returns: The indian evidence[J]. Journal of Corporate Finance, 2016, 37: 24-37.

[48] 宋顺林,唐斯圆:《投资者情绪、承销商行为与 IPO 定价——基于网下机构询价数据的实证分析》,《会计研究》,2016 年第 2 期。

[49] 葛永波,张振勇,张璐:《投资者情绪、现金持有量与上市公司投资行为》,《宏观经济研究》,2016 年第 2 期。

[50] 黄宏斌,尚文华:《投资者情绪的信贷冲击是对称的吗?——基于信贷规模与产权性质差异的研究》,《金融评论》,2018 年第 1 期。

[51] Hurwitz H. Investor sentiment and management earnings

forecast bias [J]. Journal of Business Finance & Accounting, 2017,45:166-183.

[52] 徐小阳,陈业昕,韦庆云:《投资者情绪对科技型企业R&D投入不足的校正效应——基于自由现金流与股权融资约束的检验》,《科技进步与对策》,2018年第12期。

[53] Antweiler W, Frank M Z. Is all that talk just noise? The information content of internet stock message boards[J]. Journal of Finance, 2004, 59(3): 1259-1294.

[54] Kim S H, Kim D. Investor sentiment from internet message postings and the predictability of stock returns [J]. Journal of Economic Behavior & Organization, 2014, 107(PB): 708-729.

[55] Nguyen T H, Shirai K, Velcin J. Sentiment analysis on social media for stock movement prediction[J]. Expert Systems With Applications, 2015, 42(24): 9603-9611.

[56] Guo K, Sun Y, Qian X. Can investor sentiment be used to predict the stock price? Dynamic analysis based on china stock market[J]. Physica A Statistical Mechanics & Its Applications, 2017, 469: 390-396.

[57] Behrendt S, Schmidt A. The Twitter myth revisited: Intraday investor sentiment, Twitter activity and individual-level stock return volatility [J]. Journal of Banking & Finance,2018,96:355-367.

[58] 胡昌生,陶铸:《个体投资者情绪、网络自媒体效应与股票收益》,《预测》,2017年第3期。

[59] 张信东,原东良:《基于微博的投资者情绪对股票市场影响研究》,《情报杂志》,2017年第8期。

[60] 杨晓兰,沈翰彬,祝宇:《本地偏好、投资者情绪与股票收益率:来自网络论坛的经验证据》,《金融研究》,2016年第

12 期。

[61] 许启发,伯仲璞,蒋翠侠:《基于分位数 Granger 因果的网络情绪与股市收益关系研究》,《管理科学》,2017 年第 3 期。

[62] 孟志青,郑国杰,赵韵雯:《网络投资者情绪与股票市场价格关系研究——基于文本挖掘技术分析》,《价格理论与实践》,2018 年第 8 期。

[63] 徐小阳,路明慧,李玭:《中国共享单车市场的投资者情绪测评——基于网络文本挖掘的研究》,《金融发展研究》,2018 年第 2 期。

[64] 部慧,解峥,李佳鸿,等:《基于股评的投资者情绪对股票市场的影响》,《管理科学学报》,2018 年第 4 期。

[65] 金秀,姜尚伟,苑莹:《基于股吧信息的投资者情绪与极端收益的可预测性研究》,《管理评论》,2018 年第 7 期。

[66] Renault T. Intraday online investor sentiment and return patterns in the U. S. stock market[J]. Journal of Banking & Finance, 2017, (84):25-40.

[67] Long W, Tang Y R, Tian Y J. Investor sentiment identification based on the universum SVM[J]. Neural Computing and Applications, 2018, 30(2):661-670.

[68] Beaver W H. Financial ratios as predictors of failure[J]. Journal of Accounting Research, 1966, 4(1): 71-111.

[69] Altman E I. Financial ratios, discriminator analysis and the prediction of corporate bankruptcy[J]. Journal of Finance, 1968, 23: 30-45.

[70] Ohlson J A. Financial ratios and the probabilistic prediction of bankruptcy[J]. Journal of Accounting Research, 1980, 18(1): 109-131.

[71] Frankel J A, Rose A K. Currency crashes in emerging markets: An empirical treatment [J]. Journal of

International Economics. 1996，41(3)：351-366.
[72] Kaminsky G，Lizondo S，Reinhart C M. Leading indicators of currency crises[J]. Mpra Paper，1998，45(1)：1-48.
[73] Tc V，Fratzscher M. What causes currency crises：Sunspots，contagion and fundamentals? [J]. Economics Working Papers，1999，23：207-213.
[74] 王春丽，胡玲：《基于马尔科夫区制转移模型的中国金融风险预警研究》，《金融研究》，2014 年第 9 期。
[75] 肖斌卿，杨旸，李心丹，等.《基于 GA-ANN 的中国金融安全预警系统设计及实证分析》，《系统工程理论与实践》，2015 年第 8 期。
[76] Kirkos E. Assessing methodologies for intelligent bankruptcy prediction[J]. Artificial Intelligence Review，2015 年第 1 期。
[77] 林宇，黄迅，淳伟德，等：《基于 ODR-ADASYN-SVM 的极端金融风险预警研究》，《管理科学学报》，2016 年第 5 期。
[78] 谷慎，汪淑娟：《基于 SVM 的碳金融风险预警模型研究》，《华东经济管理》，2019 年第 3 期。
[79] Solt M E，Statman M. How Useful Is the Sentiment Index? [J]. Financial Analysts Journal，1988，44(5)：45-55.
[80] Fisher K L，Statman M. Consumer Confidence and Stock Returns [J]. Ssrn Electronic Journal，2009，30(1)：225-236.
[81] Pontiff J. Excess Volatility and Closed-End Funds[J]. American Economic Review，1997，87(1)：155-169.
[82] 韩立岩，伍燕然：《投资者情绪与 IPOs 之谜——抑价或者溢价》，《管理世界》，2007 年第 3 期。
[83] Lu J，Pei Y，Wu Q. Does the investor sentiment have

impact on Hong Kong stock market [J]. System Engineering Theory & Practice, 2017, 37(1):80-90.
[84] 贺刚,朱淑珍,顾海峰:《投资者情绪综合测度指数的构建》,《统计与决策》,2018 年第 17 期。
[85] 刘学文:《中国股市投资者情绪测度指标的优选研究》,《中国管理科学》,2019 年第 1 期。
[86] Markowitz H M. Portfolio selection [J]. Journal of Finance, 1952, 7(1):77-91.
[87] Fama E F. Efficient capital markets: A review of theory and empirical work[J]. Journal of Finance, 1970, 25(2): 383-417.
[88] Kahneman D, Tversky A. Prospect theory: An analysis of decision under risk. [J]. Econometrica, 1979, 47(2): 263-291.
[89] Shefrin H, Statman M. Behavioral capital asset pricing theory[J]. Journal of Financial & Quantitative Analysis, 1994, 29(3):323-349.
[90] Barberis N, Shleifer A, Vishny R. A model of investor sentiment[J]. Journal of Financial Economics, 1998, 49.
[91] Daniel K, Hirshleifer D, Subrahmanyam A. Investor psychology and security market under-and overreactions [J]. Journal of Finance, 1998, 53.
[92] Hong H G, Stein J C. A unified theory of underreaction, momentum trading and overreaction in asset markets[J]. Journal of Finance, 1999, 54(6):2143-2184.
[93] 吴润秀:《一种结合 DS 证据理论的改进 KNN 分类算法》,《统计与决策》,2015 年第 15 期。
[94] 李森,赵轩维,夏恩君:《股权众筹项目融资成功率判别——Logistic 回归与神经网络模型的比较分析》,《技术经济》,

2018 年第 9 期。
[95] De Long J B, Shleifer A, Summers L H, et al. Noise trader risk in financial markets[J]. Journal of political Economy, 1990, 98(4): 703-738.
[96] 陈军，陆江川:《基于 DSSW 模型投资者情绪与股价指数关系研究》,《预测》, 2010 年第 4 期。
[97] Tetlock P C. Giving content to investor sentiment: The role of media in the stock market[J]. The Journal of finance, 2007, 62(3): 1139-1168.
[98] Saar-Tsechansky M, Tetlock P C, Macskassy S. More than words: Quantifying language to measure firms' fundamentals[J]. The Journal of Finance, 2008, 63(3): 1437-1467.
[99] 孙鲲鹏，肖星:《互联网社交媒体对投资者情绪传染与股价崩盘风险的影响机制》,《技术经济》, 2018 年第 6 期。
[100] [美]柯林斯:《互动仪式链》,林聚任等译,商务印书馆, 2009 年。
[101] 靳琰，孔璐璐:《新媒体语境下的网络泛娱乐化机理探究》,《现代传播（中国传媒大学学报)》, 2016 年第 12 期。
[102] Milgram S. The small world problem[J]. Psychology today, 1967, 2(1): 60-67.
[103] Watts D J, Strogatz S H. Collective dynamics of 'small-world' networks[J]. nature, 1998, 393(6684): 440.
[104] 郭旭冲:《基于复杂网络的多智能体股市情绪传播模型》,广东工业大学硕士学位论文, 2011 年。
[105] 梁震中，韩庆兰:《基于小世界网络的协同人工股市模型》,《复杂系统与复杂性科学》,2009 年第 2 期。
[106] Banerjee A V. A simple model of herd behavior[J]. The quarterly journal of economics, 1992, 107(3): 797-817.

[107] 初晨:《投资者网络信息传播与情绪扩散的理论模型和实证分析》,东北财经大学博士学位论文,2015 年。

[108] Scharfstein D S, Stein J C. Herd behavior and investment [J]. American Economic Review,1990, 80(3): 465-479.

[109] 陈其安,雷小燕:《货币政策、投资者情绪与中国股票市场波动性:理论与实证》,《中国管理科学》,2017 年第 11 期。

[110] 池国华,张向丽:《基金羊群行为与投资组合崩盘风险——基于序贯交易模型的实证研究》,《科学决策》,2018 年第 5 期。

[111] Lakonishok J, Shleifer A, Vishny R W. The impact of institutional trading on stock prices [J]. Journal of Financial Economics, 1992, 32(1):23-43.

[112] 刘祥东,刘澄,刘善存,等:《羊群行为加剧股票价格波动吗?》,《系统工程理论与实践》,2014 年第 6 期。

[113] 黎超,胡宗义,施淑蓉:《基于股市投资者情绪的非理性投机泡沫模型研究》,《财经理论与实践》,2018 年第 5 期。

[114] 刘维奇,闫汾娟:《投资者情绪对基于宏观因子套利定价的影响——来自上证 A 股的实证研究》,《经济管理》,2014 年第 5 期。

[115] 冼学深:《投资者情绪与股市危机预测的 Logit 模型实证研究》,《技术与市场》, 2013 年第 5 期。

[116] Johnson E J, Tversky A. Affect, generalization, and the perception of risk[J]. Journal of Personality and Social Psychology, 1983, 45(1):20-31.

[117] Schwarz N, Clore G L. Mood, misattribution, and judgments of well-being: Informative and directive functions of affective states[J]. Journal of Personality and Social Psychology, 1983, 45, 513.

[118] Isen A M. The effect of positive feelings on risk taking:

When the chips are down[J]. Organizational Behavior & Human Performance, 1983, 31(2):194-202.

[119] Peltomaki J. Investor sentiment and time-varing market risk in market-neutral hedge funds [J]. Journal of Behavioral Finance, 2009, 10(4): 226-233.

[120] Yu J F, Yuan Y. Investor sentiment and the mean-variance relation [J]. Journal of Financial Economics, 2011, 100(2): 367-381.

[121] Bethke S, Gehde-Trapp M, Kempf A. Investor sentiment, flight-to-quality, and corporate bond comovement[J]. Journal of Banking & Finance, 2017,82:112-132.

[122] Xu X Y, Yang Z R, Hao L Z. Research on the risk evaluation of the risk investment project based on the investor sentiment with triangular fuzzy information[J]. Journal of Intelligent & Fuzzy Systems, 2017, 33 (6): 3201-3208.

[123] 刘圣尧,李怡宗,杨云红:《中国股市的崩盘系统性风险与投资者行为偏好》,《金融研究》,2016 年第 2 期。

[124] 林川:《过度投资、市场情绪与股价崩盘——来自创业板上市公司的经验证据》,《中央财经大学学报》,2016 年第 12 期。

[125] 李昊洋,程小可,郑立东:《投资者情绪对股价崩盘风险的影响研究》,《软科学》,2017 年第 7 期。

[126] 赵汝为,熊熊,沈德华:《投资者情绪与股价崩盘风险:来自中国市场的经验证据》,《管理评论》,2019 年第 3 期。

[127] 李梦雨,李志辉:《市场操纵与股价崩盘风险——基于投资者情绪的路径分析》,《国际金融研究》,2019 年第 4 期。

[128] 丁慧,吕长江,陈运佳:《投资者信息能力:意见分歧与股价崩盘风险——来自社交媒体“上证 e 互动”的证据》,《管理

世界》,2018 年第 9 期。

[129] Zhu Y J, Wu Z Y, Zhang H, et al. Media sentiment, institutional investors and probability of stock price crash: Evidence from Chinese stock markets[J]. Accounting & Finance, 2017,57:1635-1670.

[130] 王帅,周国民,王健:《主题爬虫相关度算法研究综述》,《计算机与现代化》,2013 年第 4 期。

[131] Brin S, Page L. Reprint of: The anatomy of a large-scale hypertextual web search engine[J]. Computer networks, 2012, 56(18): 3825-383

[132] 周立柱,林玲:《聚焦爬虫技术研究综述》,《计算机应用》,2005 年第 9 期。

[133] 周建梁:《聚焦爬虫原理及关键技术研究》,《科技资讯》,2008 年第 22 期。

[134] Agre G H, Mahajan N V. Keyword focused web crawler [C]. 2015 2nd International Conference on Electronics and Communication Systems (Icecs). IEEE, 2015: 1089-1092.

[135] Farag M M G, Lee S, Fox E A. Focused crawler for events[J]. International Journal on Digital Libraries, 2018, 19(1): 3-19.

[136] 马玉春, 宋瀚涛:《Web 中文文本分词技术研究》,《计算机应用》,2004 年第 4 期。

[137] 杜丽萍, 李晓戈, 于根, 等:《基于互信息改进算法的新词发现对中文分词系统改进》,《北京大学学报(自然科学版)》, 2016 年第 1 期。

[138] 吴应良, 韦岗, 李海洲:《一种基于 N-gram 模型和机器学习的汉语分词算法》,《电子信息学报》,2001 年第 11 期。

[139] 于江德, 樊孝忠, 尹继豪:《隐马尔可夫模型在自然语言处

理中的应用》,《计算机工程与设计》,2007 年第 22 期。

[140] Zheng X, Chen H, Xu T. Deep learning for Chinese word segmentation and POS tagging[C]. Proceedings of the 2013 Conference on Empirical Methods in Natural Language Processing. 2013: 647-657.

[141] Zhuang L, Jing F, Zhu X Y. Movie review mining and summarization [C]. Proceedings of the 15th ACM international conference on Information and knowledge management. ACM, 2006: 43-50.

[142] 姚天昉,聂青阳,李建超,等:《一个用于汉语汽车评论的意见挖掘系统》,《中文信息处理前沿进展-中国中文信息学会二十五周年学术会议论文集》,清华大学出版社,2006 年。

[143] 姚尧之,刘志峰:《基于 DCC-MIDAS 模型的沪深港股市动态相关性研究》,《系统科学与数学》,2017 年第 8 期。

[144] Zouaoui M, Geneviève N, Beer F. How does investor sentiment affect stock market crises? Evidence from panel data[J]. Financial Review, 2011, 46(4):723-747.

[145] Sevim C, Oztekin A, Bali O, et al. Developing an early warning system to predict currency crises[J]. European Journal of Operational Research, 2014, 237 (3): 1095-1104.

[146] 赵雪瑾,张卫国:《基于风险传染的我国金融子市场风险预警研究》,《预测》,2016 年第 3 期。

附录　研究样本原始数据表

Update Time	price	change	PE	turn	vol	trade	return	value	intense
2017－3－17	3237.45	－0.9633	38.8883	1.0549	0.0078	20058322300	－0.0096	2.52784E＋13	－0.1975
2017－3－20	3250.81	0.4127	39.2124	0.8725	0.0088	17054843000	0.0041	2.54039E＋13	－0.1355
2017－3－21	3261.61	0.3323	39.2817	0.8899	0.0084	16271930600	0.0033	2.54831E＋13	－0.1691
2017－3－22	3245.22	－0.5025	39.2405	0.9968	0.0080	18973164900	－0.0050	2.53407E＋13	－0.5364
2017－3－23	3248.55	0.1026	39.2146	1.0520	0.0079	19302914400	0.0010	2.53624E＋13	0.8172
2017－3－24	3269.45	0.6432	39.3077	1.0836	0.0074	21977791400	0.0064	2.55439E＋13	0.0456
2017－3－27	3266.96	－0.0762	39.2485	1.0004	0.0077	20185267500	－0.0008	2.55385E＋13	－0.0557
2017－3－28	3252.95	－0.4288	39.0109	0.8181	0.0073	16171001300	－0.0043	2.54565E＋13	0.0179
2017－3－29	3241.31	－0.3576	38.8459	0.9844	0.0072	21610557500	－0.0036	2.54419E＋13	－0.2540
2017－3－30	3210.24	－0.9588	38.5185	1.0715	0.0071	24713547900	－0.0096	2.52547E＋13	－9.4215
2017－3－31	3222.51	0.3824	38.4093	0.8610	0.0085	19644292200	0.0038	2.53734E＋13	－0.2700
2017－4－5	3270.31	1.4830	28.9886	1.1015	0.0081	24832020200	0.0148	2.57481E＋13	0.2217
2017－4－6	3281	0.3272	29.1063	1.0514	0.0108	24528799900	0.0033	2.58369E＋13	－0.0143
2017－4－7	3286.62	0.1710	29.176	1.0656	0.0101	23610894200	0.0017	2.58938E＋13	0.0646
2017－4－10	3269.39	－0.5240	29.0965	1.1186	0.0093	23269461600	－0.0052	2.58169E＋13	－0.1312
2017－4－11	3288.97	0.5987	29.3811	1.3154	0.0091	28128124800	0.0060	2.59458E＋13	－0.0204

续表

Update Time	price	change	PE	turn	vol	trade	return	value	intense
2017－4－12	3273.83	－0.4602	29.3048	1.2306	0.0089	26938179000	－0.0046	2.58639E＋13	－0.1686
2017－4－13	3275.96	0.0651	29.3689	0.9065	0.0086	20734687500	0.0007	2.58802E＋13	0.1201
2017－4－14	3246.07	－0.9125	29.1468	0.9132	0.0080	21450855800	－0.0091	2.56606E＋13	12.1006
2017－4－17	3222.17	－0.7363	28.895	0.9283	0.0089	21273718900	－0.0074	2.55246E＋13	－152.0710
2017－4－18	3196.71	－0.7900	28.5895	0.8667	0.0092	18866135300	－0.0079	2.53288E＋13	－0.3095
2017－4－19	3170.69	－0.8142	28.2155	0.9451	0.0095	21323807500	－0.0081	2.51002E＋13	－0.3003
2017－4－20	3172.1	0.0446	28.1438	0.9133	0.0099	19087398500	0.0004	2.51349E＋13	－0.6587
2017－4－21	3173.15	0.0331	28.0772	0.7586	0.0091	16476174000	0.0003	2.51694E＋13	－0.3594
2017－4－24	3129.53	－1.3747	27.4341	0.8326	0.0084	18627743400	－0.0137	2.48543E＋13	－0.4755
2017－4－25	3134.57	0.1609	27.5169	0.7364	0.0107	15341830700	0.0016	2.48845E＋13	－0.3874
2017－4－26	3140.85	0.2003	27.5292	0.8298	0.0098	16987810700	0.0020	2.49277E＋13	－0.2916
2017－4－27	3152.19	0.3610	27.6105	0.9914	0.0091	21179307300	0.0036	2.50029E＋13	－0.3124
2017－4－28	3154.66	0.0784	27.6997	0.7635	0.0086	16288989900	0.0008	2.50227E＋13	－0.0858
2017－5－2	3143.71	－0.3470	27.6128	0.7406	0.0080	15422296200	－0.0035	2.49251E＋13	－0.2958
2017－5－3	3135.35	－0.2661	27.5142	0.7952	0.0077	16376392400	－0.0027	2.48335E＋13	－0.3079
2017－5－4	3127.37	－0.2544	27.4348	0.8385	0.0074	17796748500	－0.0025	2.47817E＋13	－2.0580
2017－5－5	3103.04	－0.7780	27.1405	0.8359	0.0071	17621364100	－0.0078	2.46182E＋13	12.1827
2017－5－8	3078.61	－0.7871	26.7878	0.8305	0.0079	18052690400	－0.0079	2.4468E＋13	－0.1800
2017－5－9	3080.53	0.0622	26.8694	0.6521	0.0086	13506667400	0.0006	2.4457E＋13	－0.4452

续表

Update Time	price	change	PE	turn	vol	trade	return	value	intense
2017－5－10	3052.78	－0.9006	26.4308	0.7625	0.0080	16079445200	－0.0090	2.42625E＋13	－3.7493
2017－5－11	3061.5	0.2855	26.4617	0.8490	0.0088	19134190100	0.0029	2.4358E＋13	－0.3873
2017－5－12	3083.51	0.7190	26.529	0.7417	0.0083	15968409900	0.0072	2.45498E＋13	－0.3630
2017－5－15	3090.23	0.2178	26.5949	0.6634	0.0086	13566072800	0.0022	2.46249E＋13	－0.0584
2017－5－16	3112.96	0.7357	26.8717	0.8204	0.0081	17377556400	0.0074	2.47775E＋13	－0.0633
2017－5－17	3104.44	－0.2738	26.8629	0.8129	0.0084	16867415800	－0.0027	2.46951E＋13	－0.2012
2017－5－18	3090.14	－0.4607	26.7067	0.7022	0.0080	14862003500	－0.0046	2.46053E＋13	－0.4958
2017－5－19	3090.63	0.0159	26.7039	0.6278	0.0079	12963523000	0.0002	2.46309E＋13	－0.3215
2017－5－22	3075.68	－0.4839	26.4535	0.7074	0.0074	15368373000	－0.0048	2.45814E＋13	－0.2475
2017－5－23	3061.95	－0.4464	26.1979	0.8098	0.0074	17831059900	－0.0045	2.45728E＋13	43.0575
2017－5－24	3064.08	0.0695	26.2439	0.6471	0.0074	13981335300	0.0007	2.45793E＋13	109.7130
2017－5－25	3107.83	1.4280	26.5467	0.8413	0.0070	19139184100	0.0143	2.4953E＋13	－0.2665
2017－5－26	3110.06	0.0717	26.5254	0.7052	0.0099	15592348600	0.0007	2.4974E＋13	8.3358
2017－5－31	3117.18	0.2289	26.1732	0.7283	0.0091	15295043000	0.0023	2.50455E＋13	－36.0220
2017－6－1	3102.62	－0.4669	25.8918	0.7434	0.0085	16301571900	－0.0047	2.49999E＋13	－0.3898
2017－6－2	3105.54	0.0940	25.9707	0.6474	0.0083	14250492500	0.0009	2.49814E＋13	－0.2598
2017－6－5	3091.66	－0.4471	26.0699	0.6100	0.0078	13257030000	－0.0045	2.48349E＋13	－0.4501
2017－6－6	3102.13	0.3387	26.1328	0.5435	0.0077	11343996300	0.0034	2.49279E＋13	－2.4067
2017－6－7	3140.32	1.2314	26.4695	0.8179	0.0074	17322901400	0.0123	2.52308E＋13	0.0920

续表

Update Time	price	change	PE	turn	vol	trade	return	value	intense
2017—6—8	3150.33	0.3187	26.5566	0.7484	0.0094	15227765900	0.0032	2.53348E+13	−0.0664
2017—6—9	3158.4	0.2561	26.5651	0.7585	0.0089	16013633400	0.0026	2.54068E+13	−0.1452
2017—6—12	3139.88	−0.5865	26.2813	0.7099	0.0084	14672942500	−0.0059	2.53048E+13	−0.3808
2017—6—13	3153.74	0.4416	26.4924	0.6204	0.0084	12831827900	0.0044	2.53888E+13	−0.3139
2017—6—14	3130.67	−0.7315	26.4599	0.6702	0.0081	13834704200	−0.0073	2.5194E+13	−0.8948
2017—6—15	3132.49	0.0579	26.5428	0.7171	0.0085	14695424500	0.0006	2.51628E+13	−0.1023
2017—6—16	3123.17	−0.2975	26.5131	0.6244	0.0079	12965275800	−0.0030	2.50956E+13	−0.1167
2017—6—19	3144.37	0.6790	26.6477	0.6344	0.0075	13489175800	0.0068	2.52676E+13	−0.0069
2017—6—20	3140.01	−0.1387	26.6665	0.6750	0.0079	14119180200	−0.0014	2.52476E+13	−0.1620
2017—6—21	3156.21	0.5159	26.7387	0.6931	0.0074	13668826800	0.0052	2.53954E+13	−0.2234
2017—6—22	3147.45	−0.2775	26.4991	0.9049	0.0074	19134400600	−0.0028	2.53645E+13	−0.2340
2017—6—23	3157.87	0.3311	26.544	0.7316	0.0071	15484364800	0.0033	2.54666E+13	−0.3076
2017—6—26	3185.44	0.8731	26.7962	0.8272	0.0069	17357921100	0.0087	2.56789E+13	−0.1252
2017—6—27	3191.2	0.1806	26.768	0.6875	0.0080	14820119800	0.0018	2.57263E+13	−0.1666
2017—6—28	3173.2	−0.5639	26.661	0.6665	0.0075	14651672000	−0.0056	2.56043E+13	−0.3355
2017—6—29	3188.06	0.4683	26.7543	0.6049	0.0077	12875547000	0.0047	2.57312E+13	−0.0905
2017—6—30	3192.43	0.1369	26.7428	0.5883	0.0076	12146454300	0.0014	2.57634E+13	−0.0117
2017—7—3	3195.91	0.1092	28.2437	0.6413	0.0060	14030571700	0.0011	2.45152E+13	−0.4087
2017—7—4	3182.8	−0.4101	28.185	0.6602	0.0060	14111496700	−0.0041	2.44348E+13	−0.2887

续表

Update Time	price	change	PE	turn	vol	trade	return	value	intense
2017－7－5	3207.13	0.7644	28.3787	0.7103	0.0061	14829648300	0.0076	2.46414E+13	－0.0985
2017－7－6	3212.44	0.1656	28.5086	0.8233	0.0063	17580928700	0.0017	2.47007E+13	－0.2346
2017－7－7	3217.96	0.1716	28.6945	0.8230	0.0060	17671541600	0.0017	2.47322E+13	0.0946
2017－7－10	3212.63	－0.1655	28.7588	0.8988	0.0060	19892801000	－0.0017	2.47942E+13	－0.1216
2017－7－11	3203.04	－0.2986	28.4976	0.8255	0.0061	18783726200	－0.0030	2.4751E+13	－0.2256
2017－7－12	3197.54	－0.1715	28.3902	0.8240	0.0061	18690088000	－0.0017	2.47092E+13	－0.1879
2017－7－13	3218.16	0.6448	28.7081	0.8488	0.0061	19530361100	0.0064	2.48987E+13	－0.2657
2017－7－14	3222.42	0.1322	28.6723	0.7028	0.0062	16012677300	0.0013	2.49712E+13	－0.2008
2017－7－17	3176.46	－1.4260	28.1269	1.1036	0.0060	26620527400	－0.0143	2.47546E+13	－0.2129
2017－7－18	3187.57	0.3495	28.4046	0.8049	0.0070	19062306000	0.0035	2.48363E+13	－0.2804
2017－7－19	3230.98	1.3618	28.9261	1.0895	0.0061	27242072600	0.0136	2.51809E+13	－0.0312
2017－7－20	3244.86	0.4299	29.0164	0.9771	0.0068	23210839200	0.0043	2.5321E+13	0.0790
2017－7－21	3237.98	－0.2121	28.94	0.8827	0.0061	20600325100	－0.0021	2.52919E+13	－0.1877
2017－7－24	3250.6	0.3897	29.2957	0.9913	0.0061	23305639900	0.0039	2.5397E+13	0.0468
2017－7－25	3243.69	－0.2126	29.1991	0.8492	0.0061	20557387300	－0.0021	2.53573E+13	－0.2021
2017－7－26	3247.67	0.1229	29.3383	0.9046	0.0061	21354200500	0.0012	2.54707E+13	－0.1748
2017－7－27	3249.78	0.0649	29.2486	0.9565	0.0060	22848594500	0.0006	2.54684E+13	－0.1137
2017－7－28	3253.24	0.1064	29.3482	0.7851	0.0060	18222688000	0.0011	2.55134E+13	0.1264
2017－7－31	3273.03	0.6083	29.8838	1.0069	0.0060	24603944000	0.0061	2.56777E+13	0.2699

续表

Update Time	price	change	PE	turn	vol	trade	return	value	intense
2017－8－1	3292.64	0.5991	29.9419	1.0023	0.0062	23719459400	0.0060	2.58616E+13	0.0372
2017－8－2	3285.06	－0.2303	30.0165	1.0830	0.0062	26673062800	－0.0023	2.58766E+13	－0.0309
2017－8－3	3272.93	－0.3692	30.1263	0.9524	0.0061	23327700400	－0.0037	2.57627E+13	－0.0613
2017－8－4	3262.08	－0.3314	30.1081	1.1039	0.0061	27590634000	－0.0033	2.56906E+13	0.0035
2017－8－7	3279.46	0.5327	30.4499	0.9149	0.0061	23117337900	0.0053	2.58301E+13	0.2218
2017－8－8	3281.87	0.0737	30.3834	0.9931	0.0062	25204353700	0.0007	2.58837E+13	0.4129
2017－8－9	3275.57	－0.1920	30.4116	0.9332	0.0060	23559790700	－0.0019	2.58281E+13	－0.0527
2017－8－10	3261.75	－0.4220	30.0834	0.9843	0.0061	24068462200	－0.0042	2.57287E+13	－0.3635
2017－8－11	3208.54	－1.6313	29.2348	1.0467	0.0061	26296299500	－0.0163	2.52963E+13	－0.4925
2017－8－14	3237.36	0.8982	29.5826	0.8321	0.0072	19034679600	0.0090	2.55131E+13	－0.0954
2017－8－15	3251.26	0.4294	29.6216	0.8060	0.0064	18229799700	0.0043	2.56573E+13	－0.0621
2017－8－16	3246.45	－0.1480	29.5295	0.7894	0.0061	17685205100	－0.0015	2.56062E+13	－0.1362
2017－8－17	3268.43	0.6770	29.7604	0.8946	0.0061	20362255100	0.0068	2.57868E+13	0.0121
2017－8－18	3268.72	0.0090	29.6614	0.8531	0.0062	19112248300	0.0001	2.58203E+13	－3.5948
2017－8－21	3286.91	0.5562	29.9352	0.8106	0.0060	18612248300	0.0056	2.61277E+13	0.1997
2017－8－22	3290.23	0.1010	29.8554	0.8597	0.0062	18653799100	0.0010	2.61722E+13	－0.0279
2017－8－23	3287.7	－0.0766	29.6514	0.7814	0.0060	17983220800	－0.0008	2.61742E+13	－0.1886
2017－8－24	3271.51	－0.4925	29.481	0.7144	0.0060	16346893700	－0.0049	2.60647E+13	－0.7621
2017－8－25	3331.52	1.8343	29.9809	0.8651	0.0062	20583948200	0.0183	2.65751E+13	0.0941

续表

Update Time	price	change	PE	turn	vol	trade	return	value	intense
2017－8－28	3362. 65	0. 9344	30. 3486	1. 1509	0. 0074	25746143800	0. 0093	2. 68059E＋13	－2. 6935
2017－8－29	3365. 23	0. 0766	30. 3225	1. 0030	0. 0064	21950453500	0. 0008	2. 68336E＋13	0. 2213
2017－8－30	3363. 63	－0. 0475	30. 4894	1. 0516	0. 0060	24686331200	－0. 0005	2. 68202E＋13	－2545. 0300
2017－8－31	3360. 81	－0. 0837	30. 5597	1. 0180	0. 0060	23441978100	－0. 0008	2. 67508E＋13	0. 0423
2017－9－1	3367. 12	0. 1877	30. 7795	1. 1591	0. 0060	28249758400	0. 0019	2. 71941E＋13	0. 0768
2017－9－4	3379. 58	0. 3702	30. 8919	1. 0905	0. 0061	26742784900	0. 0037	2. 73162E＋13	0. 0945
2017－9－5	3384. 32	0. 1401	30. 784	0. 9034	0. 0061	21655294600	0. 0014	2. 73798E＋13	0. 1852
2017－9－6	3385. 39	0. 0317	30. 931	0. 9636	0. 0060	22909078500	0. 0003	2. 74017E＋13	－0. 0654
2017－9－7	3365. 5	－0. 5876	30. 686	0. 9713	0. 0060	22111868500	－0. 0059	2. 72384E＋13	－0. 0913
2017－9－8	3365. 24	－0. 0076	30. 7209	0. 8681	0. 0062	19840518400	－0. 0001	2. 72479E＋13	0. 0334
2017－9－11	3376. 42	0. 3321	30. 9873	0. 9528	0. 0060	21901101900	0. 0033	2. 73263E＋13	－0. 1116
2017－9－12	3379. 49	0. 0909	30. 6993	1. 1874	0. 0061	27291031900	0. 0009	2. 74369E＋13	0. 0392
2017－9－13	3384. 15	0. 1379	30. 7619	0. 8516	0. 0060	19455071500	0. 0014	2. 74781E＋13	0. 1065
2017－9－14	3371. 43	－0. 3759	30. 6072	0. 9442	0. 0060	22130648700	－0. 0038	2. 7367E＋13	－0. 1956
2017－9－15	3353. 62	－0. 5282	30. 3041	0. 9355	0. 0061	21976581600	－0. 0053	2. 72146E＋13	－0. 0745
2017－9－18	3362. 86	0. 2755	30. 4112	0. 8461	0. 0062	19031967600	0. 0028	2. 72919E＋13	－0. 0579
2017－9－19	3356. 84	－0. 1788	30. 2989	0. 8191	0. 0061	19112969100	－0. 0018	2. 72491E＋13	9. 5418
2017－9－20	3366	0. 2726	30. 4211	0. 8425	0. 0061	19219666100	0. 0027	2. 7309E＋13	－0. 0417
2017－9－21	3357. 81	－0. 2431	30. 2248	0. 8523	0. 0061	19744869500	－0. 0024	2. 73058E＋13	－0. 2066

续表

Update Time	price	change	PE	turn	vol	trade	return	value	intense
2017－9－22	3352.53	－0.1573	30.0846	0.7671	0.0061	17923400700	－0.0016	2.72834E＋13	－134.1640
2017－9－25	3341.55	－0.3275	29.8583	0.7458	0.0061	16962129300	－0.0033	2.72498E＋13	－0.4509
2017－9－26	3343.58	0.0609	29.9913	0.5906	0.0061	13262859500	0.0006	2.73049E＋13	1.1476
2017－9－27	3345.27	0.0505	30.1085	0.6292	0.0060	14308694500	0.0005	2.73151E＋13	0.0186
2017－9－28	3339.64	－0.1683	29.9686	0.6739	0.0060	14944430000	－0.0017	2.72836E＋13	－0.0409
2017－9－29	3348.94	0.2785	30.1083	0.6545	0.0061	14486244300	0.0028	2.73587E＋13	0.0378
2017－10－9	3374.38	0.7595	29.1297	0.8357	0.0058	19173605700	0.0076	2.71593E＋13	－0.4391
2017－10－10	3382.99	0.2552	29.1792	0.8525	0.0058	17942384100	0.0026	2.72231E＋13	2.3699
2017－10－11	3388.28	0.1565	29.1475	0.8430	0.0058	18147670400	0.0016	2.72979E＋13	－7.2538
2017－10－12	3386.1	－0.0645	29.0931	0.7406	0.0058	16180938000	－0.0006	2.73133E＋13	－0.0858
2017－10－13	3390.52	0.1306	29.144	0.6640	0.0058	13995476400	0.0013	2.73581E＋13	－9.1487
2017－10－16	3378.47	－0.3555	28.9748	0.8044	0.0058	17433062000	－0.0036	2.74015E＋13	0.0521
2017－10－17	3372.04	－0.1903	28.9116	0.5981	0.0058	12538172500	－0.0019	2.73594E＋13	0.3946
2017－10－18	3381.79	0.2892	28.8795	0.7046	0.0058	15722879100	0.0029	2.74836E＋13	0.1676
2017－10－19	3370.17	－0.3437	28.6225	0.6874	0.0058	15847649500	－0.0034	2.74201E＋13	－0.0289
2017－10－20	3378.65	0.2515	28.8268	0.5702	0.0058	12717285100	0.0025	2.7463E＋13	0.1353
2017－10－23	3380.7	0.0607	28.8594	0.6013	0.0058	13084628900	0.0006	2.74625E＋13	0.0349
2017－10－24	3388.25	0.2233	28.8839	0.6510	0.0058	13989751100	0.0022	2.75529E＋13	0.0076
2017－10－25	3396.9	0.2553	28.9449	0.5844	0.0058	12313122200	0.0026	2.76123E＋13	0.2472

续表

Update Time	price	change	PE	turn	vol	trade	return	value	intense
2017—10—26	3407.57	0.3141	29.0653	0.8655	0.0058	18376862500	0.0031	2.77084E+13	0.1614
2017—10—27	3416.81	0.2713	29.0222	0.7675	0.0058	17025717300	0.0027	2.78324E+13	0.1496
2017—10—30	3390.34	−0.7749	28.7441	0.9376	0.0058	20834928600	−0.0077	2.7693E+13	−0.2624
2017—10—31	3393.34	0.0886	29.8582	0.7324	0.0058	15349820600	0.0009	2.77028E+13	−0.2834
2017—11—1	3395.91	0.0758	29.9443	0.8411	0.0058	18056612700	0.0008	2.77165E+13	0.0640
2017—11—2	3383.31	−0.3711	29.7333	0.7643	0.0058	16686426700	−0.0037	2.76257E+13	−0.0242
2017—11—3	3371.74	−0.3418	29.4826	0.7583	0.0058	17271479000	−0.0034	2.75513E+13	−0.0381
2017—11—6	3388.17	0.4873	29.7209	0.7453	0.0058	15463646800	0.0049	2.77967E+13	−0.1196
2017—11—7	3413.57	0.7497	30.142	0.8736	0.0058	19057174600	0.0075	2.80133E+13	0.2320
2017—11—8	3415.46	0.0552	30.0827	0.8662	0.0058	18543647000	0.0006	2.80265E+13	0.1456
2017—11—9	3427.79	0.3611	30.2397	0.7380	0.0058	15865042600	0.0036	2.81454E+13	0.1575
2017—11—10	3432.67	0.1423	30.1686	0.9165	0.0058	18927650300	0.0014	2.81881E+13	0.1445
2017—11—13	3447.84	0.4417	30.2079	0.9505	0.0058	20538905400	0.0044	2.83259E+13	−0.6431
2017—11—14	3429.55	−0.5304	29.9711	0.9519	0.0058	19647267400	−0.0053	2.81945E+13	−57.4910
2017—11—15	3402.52	−0.7880	29.7068	0.8591	0.0058	16879207600	−0.0079	2.7989E+13	2479.6800
2017—11—16	3399.25	−0.0962	29.5078	0.7932	0.0058	15668433200	−0.0010	2.80566E+13	169187
2017—11—17	3382.91	−0.4808	29.0973	1.1179	0.0058	24945815300	−0.0048	2.80436E+13	−0.2467
2017—11—20	3392.4	0.2806	29.1886	0.8287	0.0058	17652468300	0.0028	2.81656E+13	−0.1327
2017—11—21	3410.5	0.5335	29.1183	0.9465	0.0058	19687180300	0.0053	2.83349E+13	−0.6321

续表

Update Time	price	change	PE	turn	vol	trade	return	value	intense
2017－11－22	3430.46	0.5854	29.3516	0.9665	0.0058	21356709300	0.0059	2.85514E＋13	－0.1179
2017－11－23	3351.92	－2.2897	28.8275	0.9617	0.0058	21526539300	－0.0229	2.79113E＋13	32.9554
2017－11－24	3353.82	0.0568	28.8353	0.7524	0.0058	15956966300	0.0006	2.793E＋13	－0.2695
2017－11－27	3322.23	－0.9419	28.3696	0.7471	0.0058	16643917000	－0.0094	2.77056E＋13	2.9236
2017－11－28	3333.66	0.3440	28.5068	0.6161	0.0058	13824779900	0.0034	2.77736E＋13	－0.9168
2017－11－29	3337.86	0.1261	28.5969	0.7978	0.0058	18380593200	0.0013	2.78158E＋13	－0.2800
2017－11－30	3317.19	－0.6194	28.4029	0.7004	0.0058	15659585100	－0.0062	2.7644E＋13	－17.1805
2017－12－1	3317.62	0.0129	28.5065	0.6517	0.0058	13919830000	0.0001	2.76361E＋13	－0.1776
2017－12－4	3309.62	－0.2411	28.435	0.6742	0.0058	14805328800	－0.0024	2.76544E＋13	－0.2466
2017－12－5	3303.68	－0.1796	28.1229	0.8892	0.0058	20827886200	－0.0018	2.7685E＋13	－1.8670
2017－12－6	3293.96	－0.2939	28.1121	0.6662	0.0058	15160445200	－0.0029	2.7582E＋13	－0.3235
2017－12－7	3272.05	－0.6652	27.9754	0.5968	0.0058	13210590000	－0.0067	2.73891E＋13	－0.1065
2017－12－8	3289.99	0.5482	28.1339	0.6131	0.0058	13320931400	0.0055	2.75146E＋13	－0.2357
2017－12－11	3322.2	0.9788	28.3745	0.6377	0.0058	13196598400	0.0098	2.78053E＋13	－0.0233
2017－12－12	3280.81	－1.2456	28.0515	0.5909	0.0058	12460482700	－0.0125	2.74629E＋13	－0.2154
2017－12－13	3303.04	0.6774	28.1759	0.5392	0.0058	11199864700	0.0068	2.7653E＋13	－0.6036
2017－12－14	3292.44	－0.3209	28.0968	0.5608	0.0058	12054423500	－0.0032	2.75405E＋13	0.8846
2017－12－15	3266.14	－0.7988	27.9056	0.6016	0.0058	13094061800	－0.0080	2.73185E＋13	－0.3035
2017－12－18	3267.92	0.0547	27.846	0.5546	0.0058	12070038900	0.0005	2.73617E＋13	－0.2232

续表

Update Time	price	change	PE	turn	vol	trade	return	value	intense
2017－12－19	3296.54	0.8757	27.9991	0.5574	0.0058	11514013400	0.0088	2.76202E＋13	－0.1810
2017－12－20	3287.61	－0.2710	27.7978	0.6176	0.0058	13774511800	－0.0027	2.75826E＋13	－0.1674
2017－12－21	3300.06	0.3788	27.8526	0.6432	0.0058	14212792700	0.0038	2.76951E＋13	－0.5832
2017－12－22	3297.06	－0.0908	27.8578	0.5606	0.0058	12404732600	－0.0009	2.76674E＋13	0.0270
2017－12－25	3280.46	－0.5035	27.5757	0.6537	0.0058	14689363500	－0.0050	2.75538E＋13	1.6760
2017－12－26	3306.12	0.7823	27.8364	0.6472	0.0058	14243450100	0.0078	2.77805E＋13	－0.1946
2017－12－27	3275.78	－0.9177	27.7142	0.7299	0.0058	16267489000	－0.0092	2.75082E＋13	－0.2322
2017－12－28	3296.38	0.6289	27.8348	0.7700	0.0058	17537167000	0.0063	2.76972E＋13	－0.0204
2017－12－29	3307.17	0.3272	27.9011	0.6218	0.0058	14158683600	0.0033	2.783E＋13	－0.1282
2018－1－2	3348.33	1.2444	26.5405	0.8256	0.0065	20227886000	0.0124	2.77547E＋13	－0.1837
2018－1－3	3369.11	0.6207	26.9727	0.9247	0.0076	21383614900	0.0062	2.79655E＋13	0.3705
2018－1－4	3385.71	0.4928	27.1904	0.8677	0.0073	20695528800	0.0049	2.81353E＋13	0.0000
2018－1－5	3391.75	0.1784	27.2325	0.8773	0.0069	21306068100	0.0018	2.8208E＋13	0.0603
2018－1－8	3409.48	0.5227	27.339	1.0113	0.0064	23616510600	0.0052	2.84287E＋13	0.1247
2018－1－9	3413.9	0.1296	27.2563	0.8383	0.0063	19148855100	0.0013	2.85022E＋13	－0.0284
2018－1－10	3421.83	0.2324	27.3115	0.8919	0.0060	20909499700	0.0023	2.86336E＋13	0.2983
2018－1－11	3425.34	0.1026	27.3371	0.7665	0.0058	17381213300	0.0010	2.86571E＋13	0.0763
2018－1－12	3428.94	0.1050	27.3101	0.7534	0.0056	17406340400	0.0010	2.87254E＋13	－0.5710
2018－1－15	3410.49	－0.5381	26.9394	0.9967	0.0055	23200928300	－0.0054	2.86379E＋13	－0.0219

续表

Update Time	price	change	PE	turn	vol	trade	return	value	intense
2018－1－16	3436.59	0.7655	27.1293	0.9356	0.0058	21147546800	0.0077	2.88282E＋13	－0.0259
2018－1－17	3444.67	0.2350	27.2223	1.0982	0.0063	26104503000	0.0024	2.88959E＋13	－0.0096
2018－1－18	3474.75	0.8733	27.3726	0.9245	0.0060	22003955500	0.0087	2.92074E＋13	－0.0072
2018－1－19	3487.86	0.3773	27.5266	1.0037	0.0065	24753673300	0.0038	2.93645E＋13	0.0398
2018－1－22	3501.36	0.3870	27.6024	0.8936	0.0063	21748753400	0.0039	2.95445E＋13	0.0410
2018－1－23	3546.5	1.2893	27.8697	0.9535	0.0061	23870590400	0.0129	2.99738E＋13	－0.0364
2018－1－24	3559.47	0.3654	28.0321	1.0384	0.0075	25295449600	0.0037	3.00711E＋13	0.0274
2018－1－25	3548.31	－0.3135	27.9977	0.9672	0.0069	24341342200	－0.0031	2.99768E＋13	0.1048
2018－1－26	3558.13	0.2768	27.9925	0.8655	0.0066	22269829500	0.0028	3.01016E＋13	－0.0515
2018－1－29	3523	－0.9873	27.8456	0.9608	0.0062	23602696500	－0.0099	2.98483E＋13	－0.0006
2018－1－30	3488.01	－0.9932	27.6009	0.7656	0.0071	18636997500	－0.0099	2.95276E＋13	－0.0402
2018－1－31	3480.83	－0.2057	27.2336	0.8297	0.0076	20725340300	－0.0021	2.95368E＋13	－0.1719
2018－2－1	3446.98	－0.9726	26.6593	0.9995	0.0069	26050470700	－0.0097	2.93462E＋13	5.6348
2018－2－2	3462.08	0.4381	26.8655	0.8211	0.0075	20812055100	0.0044	2.95132E＋13	－0.1846
2018－2－5	3487.5	0.7341	26.9209	0.8628	0.0070	21767375400	0.0073	2.9783E＋13	－0.1865
2018－2－6	3370.65	－3.3504	25.8014	1.1060	0.0070	28055547700	－0.0335	2.88322E＋13	35639.2000
2018－2－7	3309.26	－1.8214	25.5391	1.0415	0.0144	26093971400	－0.0182	2.82293E＋13	－0.3508

续表

Update Time	price	change	PE	turn	vol	trade	return	value	intense
2018－2－8	3262.05	－1.4266	25.3406	0.8109	0.0140	20126249900	－0.0143	2.77494E＋13	－0.2019
2018－2－9	3129.85	－4.0527	24.2255	1.0356	0.0131	25638917600	－0.0405	2.66065E＋13	－187.1640
2018－2－12	3154.13	0.7756	24.5023	0.6518	0.0191	15331083100	0.0078	2.67808E＋13	－0.1335
2018－2－13	3184.96	0.9776	24.634	0.6396	0.0163	15152759700	0.0098	2.70793E＋13	－1.4175
2018－2－14	3199.16	0.4459	24.7145	0.4282	0.0142	10032282700	0.0045	2.72199E＋13	0.2471
2018－2－22	3268.56	2.1693	25.2255	0.5757	0.0122	13873044500	0.0217	2.78833E＋13	－0.0449
2018－2－23	3289.02	0.6261	25.3982	0.5791	0.0133	14579036800	0.0063	2.80631E＋13	－2902.6600
2018－2－26	3329.57	1.2329	25.7554	0.7655	0.0115	18856860200	0.0123	2.84957E＋13	0.0676
2018－2－27	3292.07	－1.1264	25.517	0.7344	0.0109	17421936800	－0.0113	2.81541E＋13	－0.8548
2018－2－28	3259.41	－0.9921	25.3978	0.6560	0.0105	15104353600	－0.0099	2.78839E＋13	－0.0505
2018－3－1	3273.75	0.4402	25.7027	0.6750	0.0099	15909832000	0.0044	2.80322E＋13	－0.1466
2018－3－2	3254.53	－0.5873	25.5838	0.6467	0.0088	15086106300	－0.0059	2.78929E＋13	－0.0422
2018－3－5	3256.93	0.0737	25.3899	0.6356	0.0082	14483598800	0.0007	2.79058E＋13	－0.0067
2018－3－6	3289.64	1.0045	25.7031	0.8145	0.0074	19535804600	0.0100	2.8188E＋13	0.0442
2018－3－7	3271.67	－0.5464	25.5087	0.6955	0.0077	16866501900	－0.0055	2.80665E＋13	－0.0086
2018－3－8	3288.41	0.5116	25.6243	0.6362	0.0073	14982751900	0.0051	2.81839E＋13	0.2624
2018－3－9	3307.17	0.5705	25.7486	0.7267	0.0070	16842450900	0.0057	2.83214E＋13	0.1159

续表

Update Time	price	change	PE	turn	vol	trade	return	value	intense
2018－3－12	3326.7	0.5906	25.9553	0.8850	0.0067	20653243600	0.0059	2.84983E＋13	0.2043
2018－3－13	3310.24	－0.4948	25.8118	0.7216	0.0066	17711435300	－0.0049	2.83407E＋13	0.0081
2018－3－14	3291.38	－0.5697	25.6526	0.6572	0.0065	15749108500	－0.0057	2.82037E＋13	－0.9414
2018－3－15	3291.11	－0.0082	25.5892	0.6449	0.0065	14857360600	－0.0001	2.82654E＋13	－0.2050
2018－3－16	3269.88	－0.6451	25.4378	0.6015	0.0061	14120364700	－0.0065	2.80619E＋13	－0.0150
2018－3－19	3279.25	0.2865	25.4764	0.6117	0.0064	13795498000	0.0029	2.81535E＋13	0.0010
2018－3－20	3290.64	0.3473	25.6086	0.6013	0.0061	13988108100	0.0035	2.82835E＋13	0.0266
2018－3－21	3280.95	－0.2944	25.5238	0.7409	0.0059	16839827700	－0.0029	2.82389E＋13	0.0072
2018－3－22	3263.48	－0.5325	25.4627	0.6643	0.0058	15043297700	－0.0053	2.80853E＋13	－0.5917
2018－3－23	3152.76	－3.3927	24.4749	1.0857	0.0060	27553201300	－0.0339	2.72329E＋13	－0.3751
2018－3－26	3133.72	－0.6039	24.4906	0.8185	0.0142	18636635000	－0.0060	2.70378E＋13	－0.1837
2018－3－27	3166.65	1.0507	24.8102	0.8500	0.0123	18907338300	0.0105	2.72931E＋13	－5.3833
2018－3－28	3122.29	－1.4008	24.5687	0.7826	0.0112	16350048800	－0.0140	2.69093E＋13	－0.4445
2018－3－29	3160.53	1.2248	24.627	0.7924	0.0112	17031238400	0.0122	2.72523E＋13	－0.1395
2018－3－30	3168.9	0.2647	24.7819	0.7325	0.0107	15464659600	0.0026	2.72923E＋13	0.1521
2018－4－2	3163.18	－0.1804	25.4608	0.8413	0.0108	17772777700	－0.0018	2.68503E＋13	－0.1339
2018－4－3	3136.63	－0.8392	25.1863	0.7152	0.0098	15221667400	－0.0084	2.664E＋13	－0.0636

续表

Update Time	price	change	PE	turn	vol	trade	return	value	intense
2018－4－4	3131.11	－0.1760	25.093	0.7226	0.0095	14697668200	－0.0018	2.66259E＋13	－0.1056
2018－4－9	3138.29	0.2294	25.1937	0.6688	0.0086	13960862100	0.0023	2.67012E＋13	－0.2032
2018－4－10	3190.32	1.6578	25.4874	0.7639	0.0080	16820135900	0.0166	2.72297E＋13	－0.1526
2018－4－11	3208.08	0.5567	25.65	0.7766	0.0098	17586719700	0.0056	2.7378E＋13	0.0366
2018－4－12	3180.16	－0.8704	25.4707	0.6820	0.0091	14823131300	－0.0087	2.71141E＋13	2.4652
2018－4－13	3159.05	－0.6637	25.3341	0.6048	0.0090	12755231000	－0.0066	2.6924E＋13	2.2109
2018－4－16	3110.65	－1.5322	25.0083	0.7271	0.0086	15441569500	－0.0153	2.64895E＋13	－0.2214
2018－4－17	3066.8	－1.4097	24.6774	0.7044	0.0099	14722284600	－0.0141	2.61227E＋13	1.8366
2018－4－18	3091.4	0.8022	24.8294	0.7818	0.0104	15929050300	0.0080	2.63326E＋13	－59.8973
2018－4－19	3117.38	0.8403	25.022	0.7415	0.0100	16005680500	0.0084	2.66211E＋13	－0.1005
2018－4－20	3071.54	－1.4703	24.5792	0.7019	0.0095	15514709100	－0.0147	2.62721E＋13	109.1810
2018－4－23	3068.01	－0.1149	24.5692	0.6024	0.0105	13168634000	－0.0011	2.63061E＋13	－0.3283
2018－4－24	3128.93	1.9855	24.9721	0.7376	0.0095	16227480600	0.0199	2.68394E＋13	－0.2902
2018－4－25	3117.97	－0.3501	24.9117	0.6068	0.0116	12731105300	－0.0035	2.67357E＋13	－0.0715
2018－4－26	3075.03	－1.3773	24.5513	0.6174	0.0105	13397273600	－0.0138	2.64044E＋13	－0.2103
2018－4－27	3082.23	0.2342	24.6366	0.6811	0.0109	13122564300	0.0023	2.64819E＋13	－0.5419
2018－5－2	3081.18	－0.0342	24.5355	0.6387	0.0099	13418456600	－0.0003	2.65127E＋13	－0.1628
2018－5－3	3100.86	0.6388	24.723	0.6615	0.0090	13998562000	0.0064	2.66875E＋13	－0.0630

续表

Update Time	polar	focus	attent	inter	U1	U2	V1	V2	sentiment
2017－3－17	－0.1580	－2.7367	6.7124	4.0147	－1.3257	－0.7929	－1.0608	－0.6345	6.9986
2017－3－20	－0.0597	－2.7459	7.2279	4.0033	－0.9795	－0.5425	－0.4313	－0.2389	10.9309
2017－3－21	－0.0093	－4.4013	6.3399	3.8260	－1.0723	－0.6471	－0.0591	－0.0357	11.5203
2017－3－22	－0.1833	－6.0732	6.6632	3.8561	－3.5738	－2.0682	－1.2216	－0.7069	5.9862
2017－3－23	－0.0956	－45.9608	6.4460	3.8370	5.2678	3.1357	－0.6160	－0.3667	8.7499
2017－3－24	0.0892	－3.1891	6.5878	3.9446	0.3003	0.1798	0.5880	0.3521	15.3044
2017－3－27	－0.0130	－2.2864	6.5333	4.1427	－0.3638	－0.2307	－0.0852	－0.0540	11.9610
2017－3－28	－0.0099	－2.4375	6.2853	3.8073	0.1124	0.0681	－0.0622	－0.0377	11.4187
2017－3－29	－0.1172	－2.4419	6.2729	3.8062	－1.5930	－0.9666	－0.7352	－0.4461	7.8337
2017－3－30	－0.1668	－579.7670	6.5482	4.0513	－61.6940	－38.1689	－1.0921	－0.6757	6.5757
2017－3－31	－0.0915	－2.5301	6.3096	3.7168	－1.7038	－1.0036	－0.5776	－0.3403	8.6457
2017－4－5	0.1243	－2.5854	6.4401	3.7720	1.4277	0.8362	0.8003	0.4688	16.0432
2017－4－6	0.0652	－2.2515	6.4563	3.9148	－0.0925	－0.0561	0.4209	0.2552	14.2763
2017－4－7	0.0415	－2.3996	6.3391	3.8640	0.4098	0.2498	0.2630	0.1603	13.2666
2017－4－10	－0.0941	－3.1613	6.4354	3.6887	－0.8446	－0.4841	－0.6056	－0.3471	8.6601
2017－4－11	－0.0462	－4.6201	6.3345	3.7959	－0.1291	－0.0773	－0.2924	－0.1752	10.2528
2017－4－12	－0.0344	－2.5655	6.3748	3.7834	－1.0746	－0.6378	－0.2191	－0.1300	10.6766
2017－4－13	0.1326	－2.2676	6.2284	3.6842	0.7482	0.4425	0.8259	0.4885	15.8969
2017－4－14	－0.1449	－638.3640	6.5045	3.9214	78.7075	47.4509	－0.9422	－0.5680	7.2086

续表

Update Time	polar	focus	attent	inter	U1	U2	V1	V2	sentiment
2017−4−17	−0.1411	−8919.5900	6.6324	3.9519	−1008.6000	−600.9660	−0.9360	−0.5577	7.4015
2017−4−18	−0.1742	−2.4014	6.6338	4.0733	−2.0533	−1.2608	−1.1558	−0.7097	6.4089
2017−4−19	−0.1477	−4.2267	6.6656	4.0814	−2.0017	−1.2256	−0.9843	−0.6027	7.3638
2017−4−20	−0.1907	−10.9268	6.6733	4.1211	−4.3956	−2.7145	−1.2728	−0.7860	5.8966
2017−4−21	−0.1486	−3.5757	6.4320	3.8505	−2.3114	−1.3837	−0.9560	−0.5723	6.9602
2017−4−24	−0.1884	−4.9730	6.9080	4.2123	−3.2845	−2.0028	−1.3016	−0.7937	6.2221
2017−4−25	−0.1906	−2.2838	6.5600	3.9793	−2.5415	−1.5417	−1.2500	−0.7583	5.7280
2017−4−26	−0.1455	−2.4614	6.7396	3.9491	−1.9651	−1.1514	−0.9804	−0.5745	7.4115
2017−4−27	−0.1700	−6.5294	6.3555	3.7763	−1.9854	−1.1797	−1.0802	−0.6419	6.1296
2017−4−28	−0.0947	−2.3144	6.3581	3.6260	−0.5453	−0.3110	−0.6019	−0.3432	8.5121
2017−5−2	−0.1278	−2.5440	6.2454	3.6385	−1.8475	−1.0763	−0.7984	−0.4651	7.3267
2017−5−3	−0.1714	−2.2321	6.4175	3.7529	−1.9757	−1.1554	−1.1001	−0.6434	6.1184
2017−5−4	−0.1879	−85.9653	6.5562	4.1386	−13.4927	−8.5172	−1.2318	−0.7776	5.9097
2017−5−5	−0.2106	−908.3170	6.7596	4.0821	82.3499	49.7309	−1.4235	−0.8596	5.2562
2017−5−8	−0.1981	−17.7076	6.6656	4.0458	−1.1998	−0.7283	−1.3206	−0.8016	5.5903
2017−5−9	−0.1661	−4.8908	6.8417	4.5101	−3.0458	−2.0078	−1.1366	−0.7492	7.1531
2017−5−10	−0.1855	−234.3180	6.7566	4.1580	−25.3329	−15.5899	−1.2531	−0.7711	6.1694
2017−5−11	−0.1951	−7.1148	6.8423	4.2533	−2.6502	−1.6475	−1.3348	−0.8297	5.9560
2017−5−12	−0.0847	−17.7719	6.5748	3.9752	−2.3870	−1.4432	−0.5569	−0.3367	9.3667

续表

Update Time	polar	focus	attent	inter	U1	U2	V1	V2	sentiment
2017—5—15	−0.0692	−2.8438	6.4836	3.8169	−0.3788	−0.2230	−0.4489	−0.2643	9.6552
2017—5—16	−0.0210	−2.7917	6.6416	3.9057	−0.4201	−0.2471	−0.1396	−0.0821	11.5491
2017—5—17	−0.0629	−9.2760	6.3482	3.7039	−1.2774	−0.7453	−0.3990	−0.2328	9.6221
2017—5—18	−0.2381	−3.0501	6.5671	3.8432	−3.2559	−1.9054	−1.5636	−0.9151	4.0436
2017—5—19	−0.1558	−2.7841	6.5428	3.9367	−2.1038	−1.2658	−1.0191	−0.6132	6.8762
2017—5—22	−0.1726	−5.0827	6.5942	3.9583	−1.6320	−0.9796	−1.1380	−0.6831	6.3598
2017—5—23	−0.1895	−3374.9900	6.7724	4.1759	291.6030	179.8050	−1.2833	−0.7913	6.0716
2017—5—24	−0.1783	−7596.7900	6.8831	4.0998	755.1630	449.8010	−1.2274	−0.7311	6.5394
2017—5—25	−0.1041	−5.0949	6.7180	4.0224	−1.7905	−1.0721	−0.6995	−0.4188	8.8781
2017—5—26	−0.0824	−372.6630	6.5013	3.8395	54.1930	32.0054	−0.5358	−0.3165	9.2531
2017—5—31	−0.1468	−2162.1600	6.6199	4.0953	−238.4630	−147.5210	−0.9718	−0.6012	7.3478
2017—6—1	−0.1894	−5.0968	6.7324	4.1336	−2.6245	−1.6114	−1.2750	−0.7828	5.9992
2017—6—2	−0.0795	−3.4602	6.6288	3.9771	−1.7219	−1.0331	−0.5268	−0.3160	9.6022
2017—6—5	−0.1593	−2.8639	6.5479	3.8997	−2.9474	−1.7554	−1.0431	−0.6212	6.7349
2017—6—6	−0.1212	−92.6368	6.5454	4.0026	−15.7531	−9.6332	−0.7931	−0.4850	8.1095
2017—6—7	0.0948	−2.5586	6.7675	4.2966	0.6228	0.3954	0.6417	0.4074	16.2280
2017—6—8	−0.0562	−2.4120	6.4489	3.7767	−0.4279	−0.2506	−0.3623	−0.2122	10.0194
2017—6—9	−0.0097	−2.7445	6.3869	3.7365	−0.9274	−0.5426	−0.0618	−0.0362	11.4619
2017—6—12	−0.1383	−5.7021	6.6363	4.0119	−2.5272	−1.5278	−0.9176	−0.5547	7.6126

续表

Update Time	polar	focus	attent	inter	U1	U2	V1	V2	sentiment
2017－6－13	－0.0562	－4.6036	6.4900	3.7761	－2.0374	－1.1855	－0.3650	－0.2124	10.0596
2017－6－14	－0.1470	－23.9821	6.4852	3.7699	－5.8029	－3.3733	－0.9536	－0.5543	7.0041
2017－6－15	0.0167	－2.1163	6.3112	3.6396	－0.6459	－0.3725	0.1057	0.0610	12.1373
2017－6－16	－0.0546	－2.3479	6.4486	3.7851	－0.7527	－0.4418	－0.3521	－0.2067	10.0800
2017－6－19	0.0064	－2.1958	6.4313	3.8131	－0.0441	－0.0262	0.0412	0.0244	12.1372
2017－6－20	－0.0992	－3.8608	6.2654	3.6297	－1.0151	－0.5881	－0.6218	－0.3602	8.2747
2017－6－21	－0.0791	－3.1927	6.5143	3.8817	－1.4555	－0.8673	－0.5151	－0.3070	9.4137
2017－6－22	－0.0949	－2.6911	6.6517	3.9078	－1.5565	－0.9144	－0.6316	－0.3710	9.0326
2017－6－23	－0.1237	－3.4697	6.6460	4.1455	－2.0445	－1.2753	－0.8224	－0.5130	8.2267
2017－6－26	－0.0323	－2.8615	6.3819	3.7658	－0.7989	－0.4714	－0.2063	－0.1217	10.7341
2017－6－27	－0.0220	－2.8262	6.4266	3.8108	－1.0704	－0.6347	－0.1412	－0.0838	11.1767
2017－6－28	－0.1261	－2.8366	6.5488	3.7307	－2.1969	－1.2515	－0.8256	－0.4703	7.7362
2017－6－29	－0.0259	－2.3894	6.3694	3.7536	－0.5762	－0.3396	－0.1649	－0.0972	10.9219
2017－6－30	－0.0369	－3.1085	6.2575	3.6237	－0.0731	－0.0423	－0.2307	－0.1336	10.3018
2017－7－3	－0.0132	－8.5186	6.4331	3.8281	－2.6291	－1.5645	－0.0847	－0.0504	11.4983
2017－7－4	－0.1448	－2.6369	6.4322	3.7655	－1.8571	－1.0872	－0.9315	－0.5453	7.0285
2017－7－5	－0.0047	－2.6757	6.2367	3.5743	－0.6146	－0.3522	－0.0294	－0.0169	11.2742
2017－7－6	－0.1122	－2.3912	6.4536	3.7575	－1.5138	－0.8814	－0.7243	－0.4217	8.1314
2017－7－7	0.0441	－2.3952	6.4028	3.7838	0.6057	0.3579	0.2824	0.1669	13.3302

续表

Update Time	polar	focus	attent	inter	U1	U2	V1	V2	sentiment
2017－7－10	－0. 0900	－3. 1564	6. 4684	3. 7258	－0. 7867	－0. 4531	－0. 5822	－0. 3354	8. 8612
2017－7－11	－0. 1044	－2. 3273	6. 6019	4. 0617	－1. 4897	－0. 9165	－0. 6894	－0. 4241	8. 7887
2017－7－12	－0. 1032	－2. 5324	6. 5746	3. 9272	－1. 2354	－0. 7379	－0. 6786	－0. 4053	8. 6916
2017－7－13	－0. 0869	－3. 8237	6. 5196	3. 9786	－1. 7322	－1. 0571	－0. 5665	－0. 3457	9. 2397
2017－7－14	－0. 1316	－3. 9228	6. 5132	3. 8298	－1. 3076	－0. 7689	－0. 8571	－0. 5040	7. 5930
2017－7－17	－0. 1051	－3. 3614	6. 8164	4. 1935	－1. 4510	－0. 8927	－0. 7164	－0. 4407	9. 0810
2017－7－18	－0. 1472	－3. 3387	6. 6312	3. 9870	－1. 8593	－1. 1179	－0. 9763	－0. 5870	7. 2815
2017－7－19	0. 0205	－2. 5375	6. 4999	3. 8289	－0. 2028	－0. 1195	0. 1332	0. 0785	12. 7094
2017－7－20	0. 0376	－4. 2145	6. 5411	3. 9290	0. 5170	0. 3105	0. 2463	0. 1479	13. 4629
2017－7－21	－0. 0737	－2. 6236	6. 6386	3. 7397	－1. 2459	－0. 7018	－0. 4890	－0. 2755	9. 5924
2017－7－24	0. 0316	－2. 7964	6. 3278	3. 6699	0. 2964	0. 1719	0. 2002	0. 1161	12. 6838
2017－7－25	－0. 0704	－4. 0510	6. 4531	3. 8091	－1. 3040	－0. 7697	－0. 4541	－0. 2681	9. 5786
2017－7－26	－0. 1219	－2. 5480	6. 4318	3. 7450	－1. 1242	－0. 6546	－0. 7842	－0. 4566	7. 7773
2017－7－27	－0. 0444	－5. 3881	6. 4104	3. 6978	－0. 7291	－0. 4206	－0. 2848	－0. 1643	10. 2924
2017－7－28	0. 0549	－2. 5332	6. 4055	3. 9510	0. 8094	0. 4993	0. 3514	0. 2167	13. 9099
2017－7－31	0. 1477	－2. 3815	7. 0476	4. 1228	1. 9025	1. 1129	1. 0408	0. 6088	18. 2268
2017－8－1	0. 0585	－2. 3417	6. 0928	3. 5172	0. 2269	0. 1310	0. 3567	0. 2059	13. 0778
2017－8－2	－0. 0404	－7. 1856	6. 6162	3. 7187	－0. 2045	－0. 1149	－0. 2670	－0. 1501	10. 6698
2017－8－3	－0. 0459	－2. 9007	6. 4103	3. 7344	－0. 3932	－0. 2291	－0. 2940	－0. 1713	10. 2811

续表

Update Time	polar	focus	attent	inter	U1	U2	V1	V2	sentiment
2017－8－4	－0.0037	－2.5824	6.2423	3.5753	0.0217	0.0124	－0.0229	－0.0131	11.3160
2017－8－7	0.1071	－2.3052	6.1009	3.5232	1.3533	0.7815	0.6537	0.3775	14.6581
2017－8－8	0.0115	－15.9979	6.8369	4.0923	2.8228	1.6896	0.0788	0.0472	13.1079
2017－8－9	0.0032	－2.3902	6.1644	3.5640	－0.3248	－0.1878	0.0196	0.0114	11.4363
2017－8－10	－0.1417	－2.8435	6.3763	3.7562	－2.3180	－1.3655	－0.9037	－0.5323	7.0748
2017－8－11	－0.2040	－9.2593	6.7448	4.0988	－3.3215	－2.0185	－1.3760	－0.8362	5.4776
2017－8－14	－0.0667	－2.2264	6.1983	3.6364	－0.5914	－0.3470	－0.4132	－0.2424	9.2784
2017－8－15	－0.0397	－2.5341	6.4963	4.0319	－0.4037	－0.2506	－0.2582	－0.1602	10.8816
2017－8－16	－0.0603	－2.3341	6.2387	3.6741	－0.8494	－0.5003	－0.3761	－0.2215	9.5647
2017－8－17	0.0658	－3.2681	6.2778	3.5885	0.0759	0.0434	0.4131	0.2362	13.6389
2017－8－18	－0.0797	－118.1360	6.2891	3.4558	－22.6082	－12.4229	－0.5014	－0.2755	8.7783
2017－8－21	0.1221	－2.4291	6.2274	3.6007	1.2438	0.7192	0.7605	0.4397	15.4268
2017－8－22	－0.0174	－3.6400	6.2463	3.5640	－0.1743	－0.0995	－0.1089	－0.0621	10.8600
2017－8－23	－0.0732	－4.1647	6.3685	3.9367	－1.2013	－0.7426	－0.4660	－0.2880	9.5166
2017－8－24	－0.0935	－16.6308	6.3932	3.7455	－4.8723	－2.8544	－0.5980	－0.3503	8.6866
2017－8－25	0.0773	－2.9747	6.6554	3.9059	0.6264	0.3676	0.5142	0.3018	14.9279
2017－8－28	0.0775	－107.0180	6.4045	3.7422	－17.2507	－10.0796	0.4963	0.2900	14.3908
2017－8－29	0.0800	－2.9285	6.4104	3.8323	1.4185	0.8480	0.5131	0.3068	14.6079
2017－8－30	0.0050	－73057.7	6.7208	3.5844	－17104.7	－9122.5000	0.0334	0.0178	11.0954

续表

Update Time	polar	focus	attent	inter	U1	U2	V1	V2	sentiment
2017－8－31	0.0000	－2.4767	6.2345	3.7727	0.2639	0.1597	0.0000	0.0000	11.6509
2017－9－1	0.0673	－2.2462	6.1979	3.5530	0.4759	0.2728	0.4170	0.2391	13.5390
2017－9－4	0.1558	－3.1257	6.4291	3.6902	0.6077	0.3488	1.0019	0.5751	16.9535
2017－9－5	0.0603	－3.4234	6.5492	3.6591	1.2131	0.6777	0.3950	0.2207	13.8908
2017－9－6	0.0239	－2.5526	6.5666	4.2058	－0.4296	－0.2751	0.1572	0.1007	13.3600
2017－9－7	－0.0801	－2.1521	6.2661	3.6543	－0.5722	－0.3337	－0.5022	－0.2929	8.9226
2017－9－8	－0.0227	－2.1064	6.3502	3.7188	0.2119	0.1241	－0.1443	－0.0845	10.9686
2017－9－11	0.0366	－2.3283	6.1842	3.4812	－0.6899	－0.3883	0.2265	0.1275	12.4398
2017－9－12	0.0284	－2.7197	6.3833	3.6560	0.2500	0.1432	0.1813	0.1038	12.6259
2017－9－13	0.0473	－2.5264	6.2597	3.7076	0.6668	0.3949	0.2963	0.1755	13.1657
2017－9－14	－0.0769	－2.3193	6.3598	3.6686	－1.2438	－0.7175	－0.4892	－0.2822	9.1360
2017－9－15	－0.0842	－4.0757	6.3914	3.6277	－0.4761	－0.2702	－0.5382	－0.3055	8.8905
2017－9－18	0.0124	－2.2807	6.2992	3.5151	－0.3645	－0.2034	0.0780	0.0435	11.8338
2017－9－19	－0.1144	－261.7070	6.2086	3.4561	59.2412	32.9770	－0.7103	－0.3954	7.5888
2017－9－20	0.0055	－3.6061	6.2373	3.5473	－0.2599	－0.1478	0.0341	0.0194	11.5749
2017－9－21	－0.0950	－2.2679	6.3847	3.7538	－1.3191	－0.7756	－0.6064	－0.3566	8.6375
2017－9－22	－0.0472	－5927.2800	6.3904	3.6784	－857.3590	－493.5110	－0.3014	－0.1735	10.1055
2017－9－25	－0.1935	－2.8638	6.5278	4.1661	－2.9437	－1.8787	－1.2632	－0.8062	5.7079
2017－9－26	－0.0878	－37.2296	6.4313	3.6603	7.3804	4.2004	－0.5644	－0.3212	8.8427

续表

Update Time	polar	focus	attent	inter	U1	U2	V1	V2	sentiment
2017—9—27	0.0823	−2.4077	6.3422	3.5155	0.1181	0.0655	0.5221	0.2894	14.1599
2017—9—28	−0.0282	−2.7059	6.4673	3.8714	−0.2646	−0.1584	−0.1827	−0.1094	11.0749
2017—9—29	0.1362	−3.2400	6.3839	3.6424	0.2413	0.1377	0.8696	0.4962	16.1663
2017—10—9	−0.0185	−14.2786	6.3547	3.5824	−2.7903	−1.5730	−0.1177	−0.0663	10.9651
2017—10—10	0.0873	−68.1870	6.5174	4.0593	15.4454	9.6200	0.5689	0.3543	15.3067
2017—10—11	0.0396	−11090.2	6.5371	3.8313	−47.4185	−27.7914	0.2589	0.1517	13.3988
2017—10—12	0.0409	−3.4199	6.1422	3.4210	−0.5272	−0.2936	0.2514	0.1400	12.4516
2017—10—13	0.1242	−390.3300	6.7485	3.9519	−61.7396	−36.1549	0.8383	0.4909	16.7264
2017—10—16	0.0477	−2.4343	6.4795	3.6917	0.3377	0.1924	0.3093	0.1762	13.4281
2017—10—17	0.2381	−2.2256	6.3819	3.7809	2.5180	1.4918	1.5195	0.9002	19.7769
2017—10—18	0.1085	−2.0119	6.1552	3.4021	1.0314	0.5701	0.6680	0.3692	14.5989
2017—10—19	0.0239	−2.0832	6.5308	4.0833	−0.1890	−0.1181	0.1559	0.0975	13.1673
2017—10—20	0.1701	−2.0881	6.2165	3.4135	0.8409	0.4617	1.0572	0.5805	16.6677
2017—10—23	0.1538	−2.2605	6.3111	3.1495	0.2202	0.1099	0.9709	0.4845	15.8630
2017—10—24	0.0000	−1.9693	6.2301	3.3566	0.0472	0.0254	0.0000	0.0000	11.1724
2017—10—25	0.2941	−2.2426	6.0948	2.7589	1.5066	0.6820	1.7926	0.8114	19.1328
2017—10—26	0.1515	−2.4460	6.1148	3.0966	0.9871	0.4999	0.9265	0.4692	15.4300
2017—10—27	0.1280	−2.2046	6.2869	3.1767	0.9407	0.4753	0.8045	0.4065	15.0577
2017—10—30	−0.0272	−2.6470	6.7988	3.8726	−1.7842	−1.0163	−0.1849	−0.1053	11.4752

续表

Update Time	polar	focus	attent	inter	U1	U2	V1	V2	sentiment
2017－10－31	－0.0621	－1.8751	6.4664	3.5110	－1.8327	－0.9951	－0.4014	－0.2179	9.5860
2017－11－1	0.2397	－1.9975	6.4729	3.4023	0.4140	0.2176	1.5514	0.8154	19.2758
2017－11－2	0.0558	－2.0240	6.3285	3.3948	－0.1530	－0.0821	0.3531	0.1894	13.1230
2017－11－3	0.0167	－2.2234	6.4383	3.9079	－0.2453	－0.1489	0.1077	0.0653	12.6038
2017－11－6	0.0070	－2.0192	6.5299	3.4873	－0.7811	－0.4171	0.0457	0.0244	11.8931
2017－11－7	0.0706	－2.1514	6.5163	3.3375	1.5118	0.7743	0.4600	0.2356	13.7596
2017－11－8	0.1184	－2.1455	6.3626	3.5461	0.9266	0.5164	0.7535	0.4199	15.4076
2017－11－9	0.1852	－2.4509	6.3095	3.1617	0.9936	0.4979	1.1684	0.5855	16.8656
2017－11－10	0.0117	－4.5407	6.3588	3.6818	0.9186	0.5319	0.0744	0.0431	12.0765
2017－11－13	0.0113	－16.6123	6.1283	3.4161	－3.9410	－2.1968	0.0694	0.0387	11.4847
2017－11－14	－0.0651	－1878.3900	6.4773	3.8375	－372.3860	－220.6230	－0.4213	－0.2496	9.7851
2017－11－15	－0.1701	－94020.7	6.3641	3.6965	15781	9166.2300	－1.0826	－0.6288	7.1057
2017－11－16	－0.0889	－6700000.0	6.5496	3.8999	1100000	659819	－0.5822	－0.3467	80.9998
2017－11－17	－0.1337	－83497.3	6.5539	3.9399	－1.6168	－0.9720	－0.8762	－0.5267	7.6399
2017－11－20	－0.0907	－2.5213	6.4978	3.8986	－0.8620	－0.5172	－0.5892	－0.3535	9.0188
2017－11－21	－0.0348	－26.0024	6.3559	3.6891	－4.0178	－2.3321	－0.2210	－0.1283	10.5444
2017－11－22	－0.0401	－2.4174	6.5175	3.8330	－0.7685	－0.4520	－0.2611	－0.1536	10.6902
2017－11－23	－0.1053	－1648.6400	6.6519	3.9737	219.2150	130.9540	－0.7002	－0.4183	8.7487
2017－11－24	－0.1286	－2.4683	6.4191	3.7851	－1.7299	－1.0200	－0.8257	－0.4869	7.5725

续表

Update Time	polar	focus	attent	inter	U1	U2	V1	V2	sentiment
2017－11－27	－0.1778	－161.0010	6.4955	3.9520	18.9898	11.5539	－1.1550	－0.7027	6.0952
2017－11－28	－0.1114	－49.0029	6.6446	3.8679	－6.0918	－3.5461	－0.7404	－0.4310	8.4291
2017－11－29	－0.1506	－2.5250	6.2491	3.6367	－1.7500	－1.0184	－0.9411	－0.5477	6.5837
2017－11－30	－0.1748	－735.9440	6.4010	3.7129	－109.9720	－63.7896	－1.1189	－0.6490	5.9598
2017－12－1	－0.1622	－2.8680	6.6067	3.8180	－1.1732	－0.6780	－1.0717	－0.6193	6.6324
2017－12－4	－0.1374	－2.1030	6.5062	3.8706	－1.6041	－0.9543	－0.8936	－0.5316	7.4223
2017－12－5	－0.1761	－113.5070	6.6965	4.1206	－12.5025	－7.6933	－1.1790	－0.7255	6.4269
2017－12－6	－0.1668	－2.2729	6.5448	3.9729	－2.1175	－1.2854	－1.0917	－0.6627	6.5249
2017－12－7	－0.1147	－5.9862	6.5090	3.9459	－0.6929	－0.4201	－0.7464	－0.4525	8.2533
2017－12－8	－0.0045	－7.1714	6.5480	3.8535	－1.5435	－0.9084	－0.0297	－0.0175	11.9474
2017－12－11	0.0148	－2.5170	6.2272	3.5712	－0.1448	－0.0831	0.0924	0.0530	11.8955
2017－12－12	－0.1610	－4.5840	6.4238	3.8642	－1.3837	－0.8324	－1.0343	－0.6222	6.5458
2017－12－13	－0.1117	－13.4873	6.2975	3.7273	－3.8012	－2.2498	－0.7036	－0.4164	7.9755
2017－12－14	－0.2038	－50.1555	6.6263	4.2194	5.8619	3.7326	－1.3501	－0.8597	5.4593
2017－12－15	－0.1322	－2.3675	6.8846	4.2212	－2.0895	－1.2811	－0.9101	－0.5580	8.2069
2017－12－18	－0.1464	－2.6198	6.4684	3.9149	－1.4440	－0.8740	－0.9468	－0.5731	7.1147
2017－12－19	0.0336	－7.5373	6.4494	3.8774	－1.1671	－0.7017	0.2168	0.1303	13.1512
2017－12－20	－0.1336	－3.7940	6.2686	3.7504	－1.0494	－0.6278	－0.8374	－0.5010	7.2432
2017－12－21	－0.0751	－14.4296	6.4307	3.7989	－3.7503	－2.2155	－0.4827	－0.2851	9.3889

续表

Update Time	polar	focus	attent	inter	U1	U2	V1	V2	sentiment
2017－12－22	－0. 0048	－2. 3855	6. 9784	4. 1140	0. 1883	0. 1110	－0. 0336	－0. 0198	12. 7199
2017－12－25	－0. 1609	－92. 2266	6. 5117	3. 9504	10. 9133	6. 6206	－1. 0477	－0. 6356	6. 6842
2017－12－26	－0. 1111	－2. 4233	6. 2290	3. 5465	－1. 2121	－0. 6901	－0. 6921	－0. 3941	7. 7836
2017－12－27	－0. 1137	－2. 7876	6. 2281	3. 7022	－1. 4463	－0. 8597	－0. 7080	－0. 4208	7. 8252
2017－12－28	－0. 0508	－2. 5982	6. 3498	3. 7864	－0. 1296	－0. 0773	－0. 3229	－0. 1925	10. 1031
2017－12－29	0. 0222	－7. 5914	6. 3945	3. 8127	－0. 8197	－0. 4887	0. 1421	0. 0847	12. 6237
2018－1－2	0. 1001	－15. 2309	6. 4574	3. 7981	－1. 1865	－0. 6979	0. 6465	0. 3802	15. 2947
2018－1－3	0. 1650	－3. 3803	6. 4564	3. 9065	2. 3923	1. 4475	1. 0651	0. 6444	17. 6455
2018－1－4	0. 0060	－2. 4858	6. 0384	3. 4663	0. 0000	0. 0000	0. 0360	0. 0207	11. 2679
2018－1－5	0. 0646	－2. 5756	6. 2161	3. 6066	0. 3747	0. 2174	0. 4013	0. 2328	13. 5445
2018－1－8	0. 0475	－2. 7906	6. 5006	3. 6829	0. 8104	0. 4591	0. 3088	0. 1750	13. 4350
2018－1－9	－0. 0149	－2. 4836	6. 3165	3. 5412	－0. 1794	－0. 1006	－0. 0941	－0. 0527	10. 9963
2018－1－10	－0. 0901	－15. 7385	6. 5015	3. 7275	1. 9395	1. 1120	－0. 5859	－0. 3359	8. 8920
2018－1－11	0. 0667	－2. 2847	6. 1646	3. 5288	0. 4701	0. 2691	0. 4110	0. 2353	13. 4448
2018－1－12	0. 0126	－71. 7505	6. 2585	3. 5957	－3. 5738	－2. 0533	0. 0789	0. 0453	11. 8879
2018－1－15	－0. 0848	－21. 4629	6. 7482	4. 2343	－0. 1479	－0. 0928	－0. 5722	－0. 3590	9. 7671
2018－1－16	0. 0245	－2. 2932	6. 4390	3. 6397	－0. 1670	－0. 0944	0. 1580	0. 0893	12. 5446
2018－1－17	0. 0116	－4. 3463	6. 4062	3. 7337	－0. 0613	－0. 0357	0. 0744	0. 0434	12. 1897
2018－1－18	0. 0063	－2. 5001	6. 3225	3. 6940	－0. 0455	－0. 0266	0. 0399	0. 0233	11. 8705

续表

Update Time	polar	focus	attent	inter	U1	U2	V1	V2	sentiment
2018—1—19	—0. 0230	—5. 5946	6. 1879	3. 5686	0. 2463	0. 1420	—0. 1423	—0. 0820	10. 6199
2018—1—22	0. 0086	—3. 2708	6. 5101	3. 8926	0. 2672	0. 1598	0. 0560	0. 0335	12. 3944
2018—1—23	0. 0724	—4. 2114	6. 5904	4. 0235	—0. 2402	—0. 1466	0. 4770	0. 2912	14. 8369
2018—1—24	0. 0090	—4. 0731	6. 3537	3. 8727	0. 1738	0. 1060	0. 0574	0. 0350	12. 2044
2018—1—25	0. 0489	—3. 1570	6. 2719	3. 6560	0. 6572	0. 3831	0. 3069	0. 1789	13. 1672
2018—1—26	0. 0797	—4. 3219	6. 3728	3. 6617	—0. 3279	—0. 1884	0. 5081	0. 2919	14. 3152
2018—1—29	—0. 0732	—2. 8295	6. 4265	3. 7455	—0. 0036	—0. 0021	—0. 4702	—0. 2741	9. 3989
2018—1—30	—0. 0092	—2. 6040	6. 3241	3. 6547	—0. 2545	—0. 1471	—0. 0582	—0. 0337	11. 3159
2018—1—31	—0. 1256	—3. 8723	6. 6278	4. 0477	—1. 1394	—0. 6959	—0. 8324	—0. 5084	8. 0696
2018—2—1	—0. 1318	—446. 2560	6. 5107	4. 0270	36. 6864	22. 6912	—0. 8578	—0. 5306	7. 7363
2018—2—2	—0. 0943	—3. 1234	6. 4707	3. 9175	—1. 1948	—0. 7233	—0. 6103	—0. 3695	8. 8850
2018—2—5	—0. 1404	—2. 4724	6. 2575	3. 6957	—1. 1669	—0. 6892	—0. 8783	—0. 5187	6. 9693
2018—2—6	—0. 1216	—3100000	6. 7731	4. 2355	241389	150948	—0. 8237	—0. 5151	24. 2188
2018—2—7	—0. 1561	—6. 9720	6. 7015	4. 0989	—2. 3509	—1. 4379	—1. 0464	—0. 6400	7. 1122
2018—2—8	—0. 1228	—2. 9752	6. 6539	4. 0574	—1. 3436	—0. 8193	—0. 8172	—0. 4983	8. 1975
2018—2—9	—0. 1202	—19260	7. 0778	4. 3755	—1324. 7200	—818. 9430	—0. 8509	—0. 5260	8. 8490
2018—2—12	—0. 0509	—2. 3785	6. 5433	3. 7805	—0. 8737	—0. 5048	—0. 3329	—0. 1923	10. 3005
2018—2—13	—0. 0897	—50. 5789	6. 6860	3. 8618	—9. 4777	—5. 4742	—0. 6000	—0. 3465	9. 2041
2018—2—14	0. 0016	—13. 1669	6. 4903	3. 7476	1. 6036	0. 9259	0. 0106	0. 0061	11. 9696

续表

Update Time	polar	focus	attent	inter	U1	U2	V1	V2	sentiment
2018－2－22	0.0084	－2.8908	6.4589	3.6695	－0.2900	－0.1648	0.0539	0.0306	12.0672
2018－2－23	－0.0384	－110338	6.4235	3.6398	－18645.1	－10565	－0.2466	－0.1397	9.2460
2018－2－26	0.0703	－2.4931	6.5754	3.7104	0.4445	0	0.4623	0.2608	14.3258
2018－2－27	－0.0530	－28.2624	6.3997	3.6831	－5.4703	－3.1482	－0.3389	－0.1951	9.9831
2018－2－28	－0.0367	－2.6863	6.4846	3.7354	－0.3276	－0.1887	－0.2381	－0.1372	10.6670
2018－3－1	－0.0495	－2.8714	6.3286	3.6188	－0.9279	－0.5306	－0.3133	－0.1791	9.9588
2018－3－2	－0.0590	－2.4160	6.5103	3.8010	－0.2746	－0.1603	－0.3843	－0.2244	10.0115
2018－3－5	0.0455	－3.1693	6.3274	3.5709	－0.0421	－0.0238	0.2876	0.1623	13.0127
2018－3－6	0.0960	－2.4769	6.5267	3.7071	0.2887	0.1640	0.6266	0.3559	15.1189
2018－3－7	0.0107	－2.1282	6.5960	3.8530	－0.0568	－0.0332	0.0704	0.0411	12.5184
2018－3－8	0.1262	－2.4104	6.3622	3.6692	1.6695	0.9628	0.8030	0.4631	15.8471
2018－3－9	0.0841	－3.0572	6.5354	3.7602	0.7576	0.4359	0.5493	0.3161	14.8040
2018－3－12	0.1220	－2.1827	6.5261	3.6259	1.3331	0.7407	0.7964	0.4425	15.8667
2018－3－13	0.0572	－2.2536	6.2205	3.5344	0.0503	0.0286	0.3557	0.2021	13.2156
2018－3－14	－0.0257	－30.3901	6.3592	3.7001	－5.9864	－3.4832	－0.1635	－0.0951	10.8596
2018－3－15	－0.0904	－2.7830	6.6264	4.0063	－1.3585	－0.8213	－0.5991	－0.3622	9.2488
2018－3－16	－0.0519	－2.4751	6.4218	3.6910	－0.0962	－0.0553	－0.3333	－0.1916	10.0495
2018－3－19	0.0635	－2.4468	6.4123	3.7524	0.0065	0.0038	0.4074	0.2384	13.9502
2018－3－20	0.0096	－3.4935	6.4749	3.7940	0.1721	0.1009	0.0621	0.0364	12.2722

续表

Update Time	polar	focus	attent	inter	U1	U2	V1	V2	sentiment
2018—3—21	−0.0562	−7.1489	6.5853	3.8297	0.0473	0.0275	−0.3700	−0.2152	10.2137
2018—3—22	−0.1304	−13.4312	6.3995	3.8559	−3.7867	−2.2816	−0.8342	−0.5026	7.5503
2018—3—23	−0.0805	−14.5715	6.7530	4.1396	−2.5332	−1.5528	−0.5437	−0.3333	9.8373
2018—3—26	−0.0861	−2.9139	6.7407	3.9370	−1.2381	−0.7231	−0.5804	−0.3390	9.4496
2018—3—27	−0.0290	−210.9460	6.6769	3.8501	−35.9438	−20.7262	−0.1935	−0.1116	11.2544
2018—3—28	−0.1366	−11.8087	6.4724	3.7079	−2.8770	−1.6482	−0.8844	−0.5067	7.2954
2018—3—29	−0.0717	−2.4070	6.6045	3.8751	−0.9212	−0.5405	−0.4735	−0.2778	9.7500
2018—3—30	0.0919	−4.9745	6.6289	3.8989	1.0082	0.5930	0.6091	0.3583	15.3841
2018—4—2	−0.0271	−3.2976	6.5316	3.8563	−0.8744	−0.5162	−0.1770	−0.1045	11.1681
2018—4—3	−0.0971	−4.0668	6.6458	4.1164	−0.4227	−0.2618	−0.6453	−0.3997	9.1317
2018—4—4	−0.0785	−2.4644	6.5301	3.8431	−0.6897	−0.4059	−0.5125	−0.3016	9.4146
2018—4—9	−0.1100	−4.6202	6.6756	3.9885	−1.3565	−0.8105	−0.7341	−0.4386	8.6075
2018—4—10	−0.1058	−2.4516	6.7671	4.0590	−1.0324	−0.6192	−0.7161	−0.4295	8.8968
2018—4—11	0.0329	−2.3267	6.4112	3.6119	0.2346	0.1322	0.2109	0.1188	12.7536
2018—4—12	−0.1077	−105.5300	6.8737	4.2734	16.9448	10.5346	−0.7401	−0.4601	9.1122
2018—4—13	−0.1712	−92.5779	6.4672	3.8675	14.2979	8.5505	−1.1069	−0.6619	6.2441
2018—4—16	−0.1871	−6.8658	6.6904	3.9830	−1.4812	−0.8818	−1.2520	−0.7454	5.9541
2018—4—17	−0.1634	−129.9520	6.8719	4.2439	12.6208	7.7943	−1.1231	−0.6936	7.1012
2018—4—18	−0.1437	−3909.2400	6.7733	4.1245	−405.7000	−247.0470	−0.9730	−0.5925	7.6039

续表

Update Time	polar	focus	attent	inter	U1	U2	V1	V2	sentiment
2018-4-19	-0.0712	-2.3103	6.6601	3.9060	-0.6692	-0.3925	-0.4742	-0.2781	9.8523
2018-4-20	-0.0921	-4881.5600	6.8993	4.1866	753.2760	457.0980	-0.6355	-0.3856	9.6642
2018-4-23	-0.1722	-2.8865	6.7031	4.0627	-2.2004	-1.3336	-1.1543	-0.6996	6.5305
2018-4-24	-0.0611	-11.1503	6.7148	4.0472	-1.9484	-1.1744	-0.4106	-0.2475	10.3884
2018-4-25	-0.0586	-2.6577	6.6520	3.9511	-0.4755	-0.2825	-0.3896	-0.2314	10.3199
2018-4-26	-0.1185	-2.2095	6.5535	3.9508	-1.3780	-0.8307	-0.7764	-0.4681	8.1695
2018-4-27	-0.1219	-11.1372	6.8984	4.3093	-3.7379	-2.3350	-0.8409	-0.5253	8.6544
2018-5-2	-0.1049	-5.7983	6.7211	4.1128	-1.0940	-0.6694	-0.7052	-0.4315	8.9288
2018-5-3	-0.0626	-2.6117	7.2905	4.7809	-0.4596	-0.3014	-0.4566	-0.2994	11.6334

后　记

本书是国家教育部人文社会科学面上项目“网络社交媒体视阈下投资者情绪：生成机理、传染机制及股市危机预警研究(17YJA630117)”的最终成果。该项目自2017年开始着手研究以来，课题组进行大量的文献检索、专家访谈和调查研究，在此基础上，进行了系统的分析研究，明确了研究目标，形成了研究大纲。2019年7—10月在遵循专家意见的基础上，课题组结合了专家意见又进行了大量的调查研究，不断完善修改课题成果。2019年11月，本课题的研究成果通过了江苏大学出版基金资助项目两位校外评审专家的精心评审，根据专家评审意见，课题组对课题的内容结构进行进一步的修改和完善。

本书由徐小阳负责框架设计并总纂定稿。吴宇轩、季娴、李玥等为本书提供了基础资料。感谢本书的合作者杨峥嵘和路明慧，感谢国家教育部社科司和评审专家，感谢本书参考文献的作者们，感谢本书责任编辑对本书的出版给予的指导和帮助，感谢家人对本人长期以来给予的支持和理解！

经济学家，江苏省社会科学院原党委委员、副院长，二级研究员，博士生导师，江苏省有突出贡献中青年专家，江苏省金融研究院院长吴先满先生百忙中为本书作序，对此，我们深表感谢！

网络社交媒体下的投资者情绪研究是集经济学、管理学、计算机科学、传播学等诸多学科领域的交叉性研究，本书的探讨是初步的和探索性的，限于研究者的能力和水平，本书一定存在不少遗漏和不足之处，恳请领导、专家和读者批评指正。

在本书撰写过程中，参考了许多专家的研究成果，我们尽可能地一一注明，由于本书结构、内容多次调整、修改，如有遗漏之处，还望海涵。

徐小阳

2019 年 12 月于镇江